子どもを笑顔にする療育

発達　遊び　生活

池添 素

全障研出版部

カバーデザイン／イラスト　ちばかおり

はじめに

発達の弱さや障害がある子どもたちの支援に携わっている方の悩みや困りごとが、少しでも解決につながるようにしたいと思い、この本をつくりました。

ここには、子どもの育ちをサポートするヒントがたくさん盛り込まれています。

一つめに、子どもの育ちを見る目、子どもの発達について、どう考えるかということです。本書を通じて発達のすじみちや障害の特性を知ることは、子どもについての理解を深めることになるでしょう。障害のある子どもを育てているパパやママの気持ちや悩みに寄り添った支援をするために、保護者の気持ちや悩みについても紹介しています。

日々、家庭で育てにくい子どもとつきあい、子育てに悩んでいる保護者にも、読んでいただきたいと思っています。わが子の発達や障害、療育を理解し深める助けにもなれば、なによりです。わが子が発達障害と診断され、途方に暮れてインターネットで情報を集めているパパ、「ひょっとして、うちの子、発達障害かもしれない」とわが子の育ちに不安を抱えているママ、子育てには不安がつきものです。山ほどある本やネットの情報などにふりまわされないで、子どもにストレスをかけずに、子どもの成長につながる子育てをいっしょに考えていきましょう。この本は、そんな子育てにつながる適切な支援を紹介しています。

子どもたちには、家庭や保育園、幼稚園、学校で「しなくてはいけないこと」がたくさんあります。パパやママも、家庭で子どもに「させなければいけないこと」でいっぱいです。

子どもに発達の弱さや障害があることがわかると、「もっとさせないとみんなと同じようにできないのでは」とあせりを感じることでしょう。でも、がんばってさせようと思えば思うほど、子どもは「イヤ!」と、いうことを聞いてくれません。そんなとき、インターネットで「発達障害」というキーワードや困りごとを書き込むだけで、発達障害の説明や「お子さんに合った療育」という言葉が出てきます。そこにはさまざまなトレーニングが紹介されており、子どもに合った療育を選ぶことは容易ではありません。とりあえず見にいこうかと思うこともあるかもしれませんね。

でも、子育てで「いま」困っていることを解決しよう、子どもの「できないこと」を「できるように」ということばかりを目標にすると、肝心の「子どもの姿」や「子どもの心」を見る目がくもりがちになります。その結果、子どもにがんばらせ過ぎて、発達の芽を摘んでしまうことにもなりかねません。

二つめに、じゃあ、どんなところに通ったらいいか、どんな過ごし方をしたらいいか、事業所の取り組みを考えたいと思います。子どもの発達や障害特性に合った、無理のない楽しい時間を過ごせる療育について、もっと知りましょう。

発達が気になる子どものための療育の場としての児童発達支援事業や放課後等デイサービス

の事業所が次々と立ちあがっています。保護者が事業所を選ぶとき、どこが子どもの力を伸ばしてくれるのか、子どもの居場所としてふさわしいのかがわかりにくくなっています。

また職員の方の中には、子どもとかかわることのなかった職から転職して、障害児支援の分野で新しく働きはじめた方もたくさんおられます。職員研修を受けて子どもの発達や障害特性の知識や情報は得られても、実際、担当する子どもにどう働きかければ力を伸ばすことができるのか、保護者の要望に応えることができるのかと、悩んでおられる方も多いと思います。

児童発達支援や放課後等デイサービスでは、個別支援計画や相談支援の利用計画など、子どもの課題を文字化することが増えています。また保護者も契約の際に計画の説明や理解してサインする機会があります。「よくわからないから適当に署名」ではなく、子どもにとって大切なことがちゃんと書かれているかを考えながら、契約することが必要です。事業所が、いや計画をつくるあなた自身が、子どもの姿を反映した個別支援計画をつくりたいと思ったときに役立つ内容を盛りこみました。

子どもの発達や障害特性を深く理解し、楽しい遊びを通して、身体を使い、意欲やコミュニケーションの力を育てるために必要な療育が広がっていくことを願っています。

著　者

子どもを笑顔にする療育　発達・遊び・生活　**目次**

I

子どものことを
もっと知ろう

子どもといっても、みんな違う顔があり、感じ方や考えていることも違います。同じ両親から生まれてきたきょうだいでも違います。ところが、私たちは「子どもの特徴」をひとくくりにしてはいないでしょうか。さすがに、最近は「男の子なんだから」とか「女の子は」と決めつける考え方は影をひそめてきましたが、「もう○歳なんだから」とか、「年長さんだから」、「○年生は」とか「中学生だから」と、やるべきことや役割を子どもに強要していることはないでしょうか。

発達の弱さがある場合や障害特性が強いと、「○年生だから」とひとくくりにされても、できないことが多くて、子どもは困ってしまいます。みんなと同じことができない子どもの姿に、パパやママがあせる気持ちもわかります。

しかし、いまみんなと同じことができなくても、あせらないで、急がないで、無理しないで、ゆっくりと、適切な支援をして、大切にするポイントを外さなければ、子どもは確実に力をつけ、成長していきます。子どもの気持ちや興味・関心と、発達、障害特性を理解し、楽しい遊びを通して、心も身体も満足する体験が子どもの発達を促します。学童期の子どもたちも、学校でがんばってきたあとの放課後が、苦手なことをがんばる時間ではなく、得意なことや好きなことにたっぷり取り組む経験をする時間となったとき、子どもの成長につながります。

「あれができていない」「ここはもっとがんばらせないと」などと感じるときには、ちょっと立ち止まって、子どもへの働きかけが合っているのか、無理させていないかなどを支援者同士や保護者とも一緒に見直してみましょう。「今やらないと手遅れになる」や「早ければ早いほうがよい」などと保護者を焦らせるアドバイスや、「家でもここはがんばってください」など、家庭での課題がたくさんあると、親子とも疲れます。

親子ともにがんばりすぎずに、楽しく経験を広げ、保護者がわが子の理解を正しく深めることも大切な支援の一つです。そのためには「子どもを知る」ことから始めましょう。〈発達〉〈つまずき〉〈生活〉の三つの視点から子どもに迫ってみましょう。

1　発達を知ろう

やりのこした「発達の宿題」

子どもが小さいときは、大人に守られて生きる力を育みます。少し大きくなると、自分で考え、意思を表現する準備を始めながら、生きる力の土台となる自我を育てます。子育てでも、療育においても、子どもの自我を育てる働きかけが大切になります。

育ちや発達の弱さを抱えている子どもたちは、年齢相応の活動を楽しむことが難しく、いわば「発達の宿題」を抱えたまま年齢を重ねる場合が多くあります。たとえば、年長さんになってから、やっと「イヤダ！」が言えた子どももいます。「もう六歳なのにそんなわがまま言ってはダメ」と言われることが多いのですが、そうではなく、「イヤダ」の発達上の意味や、やっと芽生えた自我の育ちを理解し、保護者に説明し、理解を得ることも療育の大きな役割です。家庭においても、「発達の宿題」を理解し、子育てに応用すると、子どもの育ちをふまえた的確な子育てができるのではないでしょうか。「どうしていうことが聞けないの！」といった不要なイライラがなくなります。子育てに必要な知識としても有効であり、療育や保育においては、子どものより良い発達を促す支援にもつながります。

発達をふまえた療育は、「〇〇ができる」ことを目標にするのではありません。「なぜ〇〇ができないのか」の意味を理解し、まさに子どもが抱えている「発達の宿題」に取り組み、結果的に子ども自身が「〇〇がやりたい」と思えることをめざします。その点で、「できないことをできるようにする」と銘打っている「療育」と一線を画すのです。発達理解を中心に据え、障害特性や運動発達の課題への適切な配慮をふまえて、楽しい遊びを展開する――ここが違いではないでしょうか。

「自我」ってなんだろう

人間が発達するプロセスで、自分の気持ちを出して誰かに伝えようとする気持ち、自我の発達は大切だといわれています。

最初は自分の気持ちが最優先ですが、しだいに相手の気持ちにも気づき、わがままではなく、自分の気持ちをふまえて、相手のことも考えられる気持ちが育っていきます。自我の成長は、コミュニケーションをとり、社会生活を営む上で、欠かすことのできない力だと考えます。

この項では、子どもの気持ちの表現から、自我の発達を見ていきましょう。

「お風呂に入るの、イヤダ！」「ご飯食べるの、イヤダ！」「そのおもちゃが、ホシイ！」など、イヤダもホシイも、まぎれもなく子どもの意思表示です。自分の気持ちを表現することばを獲得すると、使いたくなります。ことばでの表現が難しい場合は、思うようにいかなくて近くにいるお友だちを噛んでしまう、そばに来られることがイヤで叩いてしまうなど、行動で表現することもあります。

「○○だ」は気持ちのサイン

自分の気持ちを表現することができるようになった時期の子どもには、たとえお友だちを叩いたとしても、「何かイヤなことがあったんだね」と、まず子どもの気持ちに共感することから向きあいたいところです。友だちのおもちゃを取ってしまったとしても、最初の声かけは、「このおもちゃほしかったんだね」です。何歳であっても、ことばや態度で自分の気持ちを出すことができたら、注意や禁止ではなく、共感のことばかけから始まります。

気持ちが表現できる力は、自分で考え、判断していくときに必要です。そして、社会で生きるなかで、自分以外の人のことを考え、やさしく思いやりをもって生きていくために欠かせない力につながっていきます。

人格の土台になる自我をきずくには、まず自分の気持ちが大切にされ、大人から「わかったよ」と理解された経験が大事です。この経験がなくては、他人のことにまで考えが及びません。乳幼児期に、障害のあるなしに関係なく、どの子も「○○だ」と自分の気持ちを出して、「わかったよ」と受け止めてもらう経験が必要です。発達の弱さがあると、大きな集団の中ではがまんすることや注意されることが多くなりがちです。だからこそ、療育の実践の中で、「○○ダ」―「そうだね」というやりとりは、最も大切にしたい子どもとのかかわりです。

集団活動の場面でトラブルが起こることが多く、「お友だちを叩いた」ことや「みんなと同じことができない」などがきっかけで療育を勧められることもあります。保護者としては、積極的というより、仕方なく療育に行くことになる場合が多く、つらい親の気持ちを理解するかかわりも大切です。育て方が悪かったのではなく、さまざまなトラブルも大切な発達の力であることを、わかりやすく説明するのも療育の役割です。

「○○ではなく、△△だ」

「○○だ」の気持ちをしっかりと受け止めてもらえた経験を重ねると、子ども自身の気持ちにゆとりができ、視野が広がり、周りの状況がよくわかってきます。ほしいものもアレコレと増え、自分で選ぶ力もついてきます。選べる力の土台には、選ぶ対象や内容がわかっていることが必要です。大切なことは、子どもが考え、自分で決定するまでをゆっくりと見守る大人の側の姿勢です。

「○○ではなく、△△だ」と考えて、選び取るには時間が必要です。「早くしなさい」とあせらすのではなく、自分で考えて、行動を選び取る時間を保障し、大人に待ってもらうことで、子どもは大切な自己決定の経験を積み重ねます。選ぶ力を蓄えようとしている時期に、「○○にしなさい」と大人が子どもの行動を決めてしまうと、子どもは選ぶ力を育てるチャンスが奪われ、決められなくなります。

療育実践においても、子どもが選べるいくつかの選択肢を、遊びの中でも用意することが必要です。いったん選んだけれど、お友だちのを見て「やっぱり違うのがいい」と言うこともあります。子ども自身が決めたことを尊重することはもちろんですが、子どもに合わせて、柔軟に対応する支援が求められます。

保護者には、選ぶことの意味や子どもが決めたことを尊重することの大切さ、イライラするけれど、子どもが選ぶまで待ってあげることなどについて、わかりやすく説明し、療育のねらいへの理解を深めてもらうことも必要です。また、家庭においても、「○○しなさい」という言葉かけではなく、「どっちがいい？」などの言葉に言い換えることで、子どもとの時間がスムーズに過ごせることもあるので、こうしたアドバイスは子育てに役立ちます。

○○してから△△する

朝、保育園に着いたら、カバンからお帳面を出して、タオルをかけて、園庭で遊ぶなどの、一連の活動の順番や、給食の前にはトイレと手洗いを済ませて椅子に座るなど、一日の活動には流れがあります。まず、「○○だ」と自分でやりたいことを考えて、そのためには「○○だけれども△△だ」と、すぐにでも遊びに行きたい気持ちを抑えて、まずお帳面を出して、と行動を選び取り、遊びに行くためにお帳面だけでなくタオルもかけて…。こうした一連の行動は、遊ぶために見通しをもった行動ができる力です。

「保育園に行ったら○○して遊ぼう」など、やりたいことが気持ちの中で生まれていないと、そのために必要な行動を見通しをもって考えることは難しいでしょう。もしも、なかなか自分から動こうとしないときには、「やりたいこと」が明確になっていないかもしれません。

見通しをもって、自分で考えての行動が難しいときに、カードやスケジュール表で子どもの行動をコントロールする支援もあります。見ることで理解させる視覚支援は大切ですが、「スケジュール通りに行動できる」ための活用では、子どもの「○○をやりたい」という力が育ちません。もし、見通しをもって行動することが難しいときには、「なぜ難しいのか」「どこに発達の宿題を抱えているのか」を考えてみましょう。

療育では、子どもがいくつであっても、それぞれの「発達の宿題」がどんなところにあるのかを検討し、子どもが自分で考えて行動する力を養うために必要な支援をめざしたいと思います。大人が管理しやすいように、あるいは大人がスムーズに集団や個人を動かすために、子どもの行動をコントロールするとしたら、子どもが発している大切なＳＯＳを見逃してしまいます。

次の行動を考えることができず、いちいち指示が必要になる「指示待ち人間」は、大人の影響でつくられているのかもしれません。また、見通しがもてても、苦手な見通しなら気持ちは動きません。もし、子どもが自分で動くことが難しければ、スケジュール表に頼るのではなくて、大人も子どもと一緒に動くことから始めてみませんか。大人との楽しいコミュニケーションが子どもの「やってみたい」気持ちも育てます。

○○しながら△△する

「ハサミを持ちながら紙を切る」や「お箸を持ちながらご飯を食べる」など、異なる二つの活動を同時に行うことは、生活のなかで欠かすことのできない力です。身体の動きでいえば、片足をあげながら前に進むケンケンもそうです。縄跳びは、「縄をまわしながら足をあげて、跳びながら前へ進む」と、複雑な「○○しながら」の動きです。

集団では「ルールを守りながら仲よく遊ぶ」とか「順番を待ちながら並んで待つ」ことも必要です。何度も注意したり、言い聞かせる「ルールや順番を守る練習」では身につきません。ルールを理解して、みんなと楽しく遊びたい、あるいはルールを守ったほうが楽しく遊べると思う経験が必要です。

「○○しながら△△する」場面がいっぱい詰まった活動のひとつに、クッキングがあります。クッキングは、出来上がりを写真で撮ることができ、イメージがもちやすい活動です。簡単な順番がわかる手順書があり、大人と一緒に道具を使いながら、材料を調理し、炒めたり、冷やしたりする間に、出来上がりを期待して待ち、最後は自分が食べる活動です。

楽しそう、やってみたいという気持ちをベースに、ちょっと難しいけれどもチャレンジしてみようと意欲を育てます。道具を操作することにも取り組み、達成感を感じながら、「ながら」の力を育てる、療育ならではの取り組みです。

大人がことばで指示しなくても、自分で順番を書いた紙を見ながらやり遂げる達成感も格別です。そのためには、材料を個別の分量に分けておくなど、事前の準備も大切なポイントです。療育の場面でうまくできたら、家庭でもやってみたいという子どもたちが出てきます。活動の意味や意欲を育てることの大切さを説明し、家庭でも取り組んでもらえたらラッキーです。「○○しながら△△する力」がついてくると、何でもやりたがる気持ちも育ってくるので、ママのお手伝いでおおいに活躍してもらいたいものです。

○○だけれども△△する

「イヤだけれどもガンバル」「嫌いだけれどもガマンする」などは、大人が子どもにつけてほしい力の一位になるでしょう。学齢期になると、幼児期以上に思いどおりにならないことも増え、「苦手だけれど勉強に取り組む」や「遊びたいけれど宿題をする」などの力が求められます。お友だち同士でも、譲りあう、ときにはガマンも必要といった場面が出てきます。

そんなときでも、遊びのルールを話し合って決めるとか順番を待つことで、お友だちと楽しく遊べる経験をすると、自分の気持ちをコントロールしながら楽しむことが無理なくできはじめます。まわりから「がんばらされる」「ガマンさせられる」のではなく、自分の気持ちに折り合いをつけて、お友だちとの豊かなコミュニケーションや楽しい活動に参加する力です。

「就学前につけておきたい力」と言われるけれど

年中や年長クラスでは、決まりや約束を守ることが増えてきます。年長クラスに在籍しているけれど、折り合いをつけることが難しい場合だと、集団活動が難しくなり、みんなと同じことができない、ルールや約束が守れないなどのトラブルが増えるため、療育に通うことを勧められることがあります。保護者も、就学が目前になってくると、いまのうちに何とかしなくてはと焦ります。就学までの短い時間、特に年長クラスの一年間をどのように過ごすかは、その後の子どもの育ちにも大きく影響します。

そんなとき療育に何を期待するか。情報源は、やはりインターネット。たくさんの児童発達支援事業所が、「字が書けるようになる」「椅子に座って学習に取り組む」などのプログラムを宣伝文句にしており、保護者も迷います。しかし、じつはこの時期にどのような支援を提供している事業所を選ぶかで、子どもが経験するストレスも違ってきます。

四歳から六歳までの時期は、就学を前提にしているので、文字や数の理解、書くことや文章理解などのプログラムに目がいきます。しかし、この時期は「学校に行くため」の時間ではなくて、四歳から六歳までの「子どもとして」経験すべきことをたっぷりと経験する時間だと考えてはどうでしょうか。

たとえば、まだまだ自分やまわりとの折り合いをつけることがむずかしいという「発達の宿題」をもっている場合は、家庭でも療育でも、まず必要な発達課題に取り組むことです。具体的には、前述した子どもの「〇〇だ」に向き合い、選ぶ力をつけるために待ってあげることや、見通しがもてるように大人と一緒に楽しい活動に取り組む経験をつむことです。

椅子に座るためのトレーニングや字を書くために鉛筆を持つ練習プログラムを早くからやっていると、もともと苦手な課題ですから、ますます椅子に座ることも鉛筆を持つこともいやになってしまいます。いざ就学を迎えたときに、苦手なことが待っている学校に行くのか、ワクワクした期待をもって登校するのかで、就学後の学校生活が変わります。

年中や年長クラスで、「お友だちと同じとができずに集団をかき回して対応に困る」とか、「クラスにいるとお友だちとのトラブルが多発して、注意することが増えてしまうが、どのように対応したらよいか」といった相談が、毎年あります。保育士さんも就学を前に、できるだけみんなと同じことをさせて、少しでも、学校行ってから困らないようにしてあげたいと思ってのことです。

「発達の宿題」にじっくり取り組む 同じようにがんばらせない

これまで私が経験した就学前の支援で効果的だったのは、少し意外に思われるかもしれませんが、クラスでみんなと「同じようにがんばらせない」ことでした。クラスとは別の空間である職員室で、先生とゆっくり過ごす時間を大切にして、なるべくお友だちとのトラブルを避け、大好きな遊びをたっぷり取り組みました。

お友だちと一緒に楽しく遊ぶことが苦手で、まず自分のやりたいことが優先して、このまま小学校へ行って大丈夫だろうかと心配していた子どもが何人もいた年もありました。保護者や保育園と何度も話し合いながら、子どもがいま必要としている課題を共有し、学校を意識しないで、焦らずに取り組みました。一年生になった現在、楽しく学校に通っています。

Aくんもそんな子どもの一人でした。

＜年長さんなのに大丈夫？＞

Aくんは、保育園の年長になってからも、お友だちの遊びを邪魔する、すぐに手が出る、部屋を飛び出していくなど、トラブルが絶えませんでした。保護者も、年長になり就学のことも心配になり、相談に来られました。

発達検査の結果、発達指数は高く、理解力は年齢相当にもっているが、自閉スペクトラム症と注意欠如・多動症（ADHD）の特性があることを保護者に話しました。感覚過敏も強くあって、集団にいることが苦痛なことや、友だちとのコミュニケーションもうまく取れず、すぐ手が出るのではないかと考えました。

年長から療育に通いながら、保育園の担任と対応を話し合いました。集団の中でのAくんのしんどさを考え、できるだけ一人の時間を保障し、クラスから出て行っても、無理に連れ戻さないようにしました。職員室や保育園内のどこかで、園長や誰かがAくんの遊びにつきあいました。

「年長さんなのに、ホントにその対応で大丈夫？」と心配の声もありましたが、トラブル多発の状況では、他によい方法が見つかりませんでした。保護者にも理解していただき、園長をはじめ園全体で協力してもらい、時間をかけて、Aくんの好きなことや得意なことに取り組んだ結果、たくさんの自信と大人への信頼感を蓄えました。

変化は秋の運動会あたりからみられ、次第に自分でクラスに戻るようになりました。気持ちがしんどくなると部屋から出ていきますが、自分でコントロールができるようになってきました。冬の生活発表会では、ほとんど部屋から出ていくことはなく、劇の練習にも参加しました。本番を私も観に行きましたが、見事に『じごくのそうべえ』の大事な配役である「じんどんき」を演じていました。年度末にはお友だちと一緒に卒園式に参加し、小学校入学を楽しみにしていたことは何よりでした。

入学後は、最初は緊張しているようでしたが、教室でみんなと一緒に勉強していました。担任の先生は、事前に聞いていた子どもの姿とあまりにも違うので、びっくりされました。次第に学校にも慣れて、少し落ち着かないところも出てきたので、しんどいときは教室以外の場所で、過ごすこともOKにしてもらいました。

夏休みになる前の七月には、教室から出ていく回数も減り、楽しく学校や放課後等デイサービスに通うようになりました。

毎年、このような子どもたちが何人もいます。これまでの経験から、子どもたちの先の心配をするのではなく、いまの時期に必要なことを理解し、療育や子育てに取り組むことが、最も大切なことだと確信します。

「学校行ってから困ったらこの子がかわいそう」と先回りして、幼児期に「苦手だからがんばる」「嫌いだけれどガマンする」をがんばってきた子どもたちが、小学校に入ってがんばれなくなり、相談に来られることもあります。将来の心配を先回りして取り組むのではなく、いま子どもが困っている発達の宿題に取り組むことを大切にした療育を選んでほしいと思います。

根っこを太く

発達に弱さがあり、みんなと同じことができなくても、発達障害だと診断されても、子どもたちは成長していきます。しかし、その育ちには違いがあるので、「発達障害に効果的」と書かれたプログラムでやみくもに働きかけたのではうまくいきません。一人ひとりの子どもの発達課題を理解し、楽しい遊びを見つけ、それを通して身体や気持を動かす経験が必要です。乳幼児期や学童期は、この先の長い人生の入り口です。だからこそ、これまでの育ちで残してきた「発達の宿題」に取り組むのが療育の役割ではないかと思うのです。

子どもの育ちを樹に例えるならば、乳幼児期や学童期は目に見えないところで「育ちの根っこ」を太くする時期だと思います。根がしっかり張らない樹は倒れてしまいます。幹が太くなり、枝や葉っぱが茂り、きれいな花や大きな実がつくためには、それらを支える、太くたくましい根っこが必要です。

療育は、子どもの将来を見通しながら、自立に必要な力や基礎となる自我を育てることだと考えます。そのためには、「〇〇だ」という自分の気持ちを理解してもらえる大人との出会いが大切で、活動の中から「〇〇ではない△△だ」と選び取る力を育て、見通しをもって「〇〇してから△△する」と自分で行動を決める力をつけていきます。

長い人生を見通して、自分らしく生きる力を育み、困ったときにSOSが出せる、自立した生活を営むことを視野に入れながら、乳幼児期や学童期の支援を充実させたいと思います。

＜大人になってから発達の宿題に取り組んだひろくん＞

支援学校の高等部を卒業して障害者就労継続支援B型を利用することになったひろくん、同時にグループホームにも入居することになりました。自宅で母と二人暮らしだったのが、まったく違う生活が始まりました。

最初は笑顔で仲間と作業していましたが、やがて「家に帰る」「やめる」などの発言や、職員や仲間とのトラブルが増えてきました。拒否はさらに強くなりました。作業時間にはゲームに没頭し、指示にはいっさい従わなくなりました。生活面でも、お風呂にも入らず着替えもしない状況は続きました。土日の帰宅も、お母さんが「○○しなさい」というと、暴力や暴言で気持ちを表現するようになり、お母さんも手に負えなくなりました。困った事業所の職員さんから相談があり、カンファレンスを開くことにしました。

ひろくんは、偶然にも保育園や小学校のころに相談を受けた子どもで、お母さんとも顔なじみでした。小さいころの印象は、いつもニコニコしていますが、気持ちを表現するのが苦手な子どもでした。発達的にはゆっくりで、保育園での集団活動にみんなと同じように参加することが難しく、心配で相談に来られました。

お母さんは発達の遅れについては理解しているものの、がんばらせて少しでも同じ年齢の子どもに追いついてほしいと思っていました。学校も一年生は通常学級に通いましたが、二年生から支援学級にかわりました。

ひろくんはお母さんの言うことをよく聞くがんばり屋さんでした。お母さんもがんばらせることに何の疑問も抱きませんでした。そしてそのまま事業所で働き、グループホームで親から離れての自立生活が営めると考えておられました。しかし、そうはスムーズにはいきませんでした。

カンファレンスで私は、彼が何もしないのは、ことばや態度でやっと「○○だ」と自分の意思を表現しているのではないかと話しました。そして大きな発達的変化ととらえてかかわりを考えてはどうかと提案しました。具体的には、彼に指示することはやめて、彼が自分の「やりたいこと」、「やりたくないこと」を納得できるまでやり遂げるのを待つということでした。

そんなことをしていたら、もっと何もしなくなるのではないか、という意見は当然出ました。「それで大丈夫か」という不安が、私にもなかったわけではありません。しかし、小さいときのひろくんを知っている私は、やっと「○○だ」と気持ちを出すことができた、この時期を大切にしたいとの思いは強くありました。

事業所では、何度も議論をし、指示しても動かない彼の姿にどうすることもできない事実を受け止めながら、「待ってみよう」との結論を共有し、実践が始まりました。仲間が作業している中で、一人ゲームをしている姿は続き、支援のスタッフは焦りと葛藤の毎日でした。

お母さんも、このままでは何もできなくなると心配が募り、相談に来られました。もう一度小さかったころのひろくんの姿を一緒に振り返りながら、残してきた発達の宿題を話し合いました。

「もう一回子どもにつきあってみます」とのお母さんの決意と、支援者のねばり強い「待つ支援」が功を奏してきたのは、数ヵ月後あたりからです。ゲームばかりではなく作業にも参加し、仲間との関係もトラブルが減ってきました。

私がひろくんに再会したのは、それから一年後、事業所仲間の合唱を発表する会。前列で手話を交えていきいきと歌うひろくんの姿がありました。その変化にお母さんも笑顔です。

その後、事業所職員やグループホームスタッフとカンファレンスの機会をもちました。語られたのは、ひろくんの自分の意思で動く「いま」のようすです。作業にも積極的に参加し、仲間との交流や、作業の流れを気遣う姿。もちろん入浴や着替えもスムーズで、食事に関しては「〇〇が食べたい」とスタッフに希望を言うまでになり、調理の手伝いにも参加しています。

自分の意思も表現し、必要な活動を選びとり、自分で決めながら、みんなと折り合いをつける生活を、誰かに指示されるのではなく、やり遂げる力をつけていきました。これには約一年間の時間が必要でした。この過程で、お母さんとの関係も変わっていきました。家に帰ったときの外出も、荷物を持ったり、手伝ったりとお母さんを気遣うそうです。お母さんも、ひろくんのことがかわいいと思えると話されるようになりました。

ひろくんの発達の宿題につきあってくれた作業所の職員さんに感謝です。障害のあるなしにかかわらず、生きる力を育てることは時間がかかることを、あらためて実感しました。

療育の場を探す保護者の心に寄り添って

子育て相談や乳幼児健診で療育に通うことを勧められても、療育の場(児童発達支援センターや児童発達支援事業)にたどり着くまでにはいくつかの手続きが必要です。その手続きは、市町村によって少しずつ異なります。ここではおおまかに一般的な流れを示します(放課後等デイサービスも同じです)。

障害児相談支援事業所での相談…子どもの状態や通所の希望などを話し、障害児支援利用計画（案）を作成してもらう

↓

役所に行く…障害児通所支援の受給者証を発行（利用日数などが書いてある）

↓

相談支援事業所と相談しながら利用する事業所や日数などを決める

↓

児童発達支援事業所（センター）に通う

この流れをすすめる責任は保護者にあります。相談支援事業所を決める、療育や放課後活動の場を決めるのも保護者の責任であり、すべての段階において、事業所と契約が交わされます。利用したい事業所が見つかっても、定員がいっぱいで、空きがない場合もあるので、なかなかたいへんなプロセスです。

療育の場を訪ねてくる保護者との初回の面接や、療育を開始してからの保護者との話し合いの場では、こうしたプロセスの重みをしっかりと受け止めることが大切になります。

2　発達障害の特性を理解しよう

こだわりは不安を安心に変える魔法

自閉スペクトラム症の特性の一つに、こだわりがあります。一〇〇人いたら、一〇〇以上のこだわりがあるといってもよいぐらい多種多様です。つばをはく行為や同じ人に手が出るなど、相手に迷惑をかける場合は、注意や「シマセン」などの約束で禁止することがあります。しかし、その結果、こだわりがなくならず、もっとこだわりが強くなることもあります。強い禁止で一時はなくなったように見えても、その後に違うこだわりが現れ、困ってしまったという経験もよく聞きます。

こだわりには理由があり、注意や禁止でおさまるものではなく、こだわりの背景にあるものを理解する必要があります。

強いこだわりの背景には、不安が隠れていると考えます。不安になる理由を探り、不安を取り除くことが必要でしょう。しかし、その場に身を置いているだけでも不安になっているとしたら、何かにこだわりながら必死で不安と闘っている姿だと考えられないでしょうか。無理にこだわりをやめさせるのではなく、不安な要素を取り除く努力をしながら、ゆっくりと卒業していくのが、無理のないこだわりとのつきあい方ではないでしょうか。

禁止しなくてはいけないようなこだわりは、ことばでの注意や約束ではなく、他に興味や関心が向けられる楽しい活動の提示が必要です。こだわりをやめさせることにエネルギーを使うのではなく、不安な気持ちを理解したかかわり方を工夫することにエネルギーを使ってはどうでしょうか。

こだわりを強く禁止した結果、こじれてしまった事例もあります。こだわりが強くなり、自分だけではなく、家族や周りの人を巻き込んだこだわりに発展することもあります。できるだけ低年齢で、こだわりにつきあってもらえる経験が、年齢を重ねたときの生きやすさにつながると実感しています。お母さんに語っていただきましょう。

＜子どもの「〇〇だ」につきあって＞

気がついたときにはバスが好きで、小さいころからよく乗っていました。数字が好きで、何番に乗りたいという意思もはっきりしていました。初めはバスの旅をするほどでもなかったのですが、妹ができてからは赤ちゃん返りもあって、バスにこだわるようになりました。

私が仕事の日は子どももがまんしているので、休みの日は好きなことにつきあってあげようと思いました。バスの旅は、長い日は、朝一〇時から夕方ぐらいまでバスに乗っていました。お昼はコンビニでおにぎりを買い、一時間に一本の乗りたいバスを待ちました。おやつを買ってバスで食べたりと、本人にとってとても良い時間だったようです。休みのときは時間が長くてもよかったのですが、療育に通う日など、五時間で終わらない日は困りました。

休みの日はバス旅につきあうので他のことができない、療育に行った日もすぐ帰れない日が続き、家事や用事ができなくて切羽詰まってきました。妹を連れて行かないといけなくなってからは、妹がぐずるのでたいへんでした。父親は車酔いするので、バス旅にはつきあえず、母親だけになり、今日もバスの旅かとうんざりする日もありました。

つきあってみてわかったことがあります。「ほんまに卒業するんだ」と思いました。いつから言わなくなったのかわからないけれど、バス旅はなくなりました。何番のバスに乗りたいではなく、療育へ行くときは路線を考えるとか、何番に乗って高島屋へ行きたいなど、目的ができてきたころから収束してきました。

いまは、「次は何にハマるんやろう」と思うこともあります。


（まもるくん五歳の母）

パニックを起こしたとき

何かをきっかけに、気持ちの折り合いがつけられずに、泣きわめいたり、自傷や他害、飛び出して行ったり、物を壊したりといろいろなパニックを起こすことがあります。場所を移して静かな場所でクールダウンが望ましいでしょう。大切なのは落ち着いてからの対応です。

つい、「なぜ?」「どうして?」とパニックを起こした原因を質問し、「どうすればよかったかな?」と行動を振り返るかかわり方になりがちです。せっかく落ち着いたのに、また嫌なことを思い出すことになり、嫌なことが記憶に残ります。パニックを起こしたときは、落ち着いてから「いやだったね」と共感して、好きなことや楽しい活動に誘うことが効果的です。

もしも、お友だちを叩いたときや物を壊したときなど、謝罪が必要なときも同じです。ことばでうまく表現できなくても、必ずパニックになる理由があります。「とにかくダメなことをしたのだから謝りなさい」ではなく、落ち着いてから、自分で考えて、指示されなくても自分から相手に謝りに行くまで待ってあげることも大切な支援です。

支援する側が理由を考えながら、パニックを起こさない環境や活動内容を考えることは必要ですが、何かのきっかけで、パニックを起こしてしまっても、本人に嫌な気持ちが残らないようにすることも大切な支援です。

生きづらい感覚過敏

味覚、視覚、聴覚、触覚、臭覚などの感覚過敏は自閉スペクトラム症の特性の一つです。特に特性の中で、乳幼児期の感覚過敏が一番強いと、私は感じています。子どもはお母さんの胎内から誕生し、いままでとは違う刺激に囲まれ、不快を表現するには泣くしかありません。親は親で、なぜ泣いているのかの理由もわからず、育てにくい子どもだと子育てに悩みます。

成長に伴って、感覚過敏が和らいでくることもありますが、ストレスや不安が増すと、感覚過敏は強くなるように思います。乳幼児期を過ごす集団の場では、お友だちの声が耐えられなくて、クラスを飛び出してしまうこともあります。小学校では、誰かを注意する先生の声が大きくて、学校に行けなくなることもあります。「好き嫌いなく食べる」ことをめざす給食もストレスです。視覚過敏は、目に入る刺激をコントロールすることが難しく、集中力が低下し、落ち着きがなくなり、注意されることが増えます。

年齢が低いときは、ことばで不快を伝えることが難しいので、逃げ出す、泣く、イライラする、手が出るなどの行動で表現します。「困った行動」の裏に隠されている感覚過敏を理解する支援や環境調整が必要です。不快な感覚がことばで言えるようになったら、ガマンさせたりがんばらせるのではなく、不快な刺激から守り、安心して活動できる配慮は十分すぎるほど工夫しましょう。

感覚過敏のために、保育園の生活のいろいろな場面で困難を抱えていたお子さんのママのお話を聞いてください。

＜感覚過敏につきあって＞

娘は乳児のころからいろいろなことに敏感でした。大きくなったら少しずつ改善して治るかな、と思っていましたが、二歳で保育園に入園すると、家では気づかない過敏さがたくさんあることに気づきました。

たとえば、

・絵の具あそびで、手や服に絵の具がつくのがいや

・服の縫い目やタグが苦手で、同じ服ばかり着たがるので、同じ物を探すのがたいへん

・口にブラシを入れること自体が苦痛なので歯みがきができない

・水遊びで、水が嫌いなわけではなく、みんなが上がった後に服のまま入るのなら大丈夫

など集団生活では、困難なことがたくさんありました。

発達面では、ことばもおそく、お友だちとも馴染めず、いつも一人ですみの方で遊んでいることが多く、休日は極力夫婦で公園に連れていき、夏は水遊びに行くようにしました。

公園も人がいると入れないので、最初は人気がなくなってから滑り台に登ってみる…など、いつもまわりを気にしていました。水遊びも、最初に海に行ったときは遊べなかったので、人のいない川に行きました。「サンダルのまま、服のまま入ってもいいよ」「くつも服も着替えがあるよ」と言うと、ゆっくりゆっくり入って腰までつかり、笑顔を見せてくれました。きっと誰もいなかったことが、娘にとって良かったのだと思います。

二歳のころは夜泣きもひどく、パパも仕事で朝が早いため、私が車に乗せて走りながら寝かせることもありました。当時はなぜ泣くのか分からず、こちらが泣きたくなる毎日でした。

三歳になり療育に通うようになり、少人数で、たくさんの経験を、少しずつ自分のペースでできるようになってきました。夜泣きも減り、朝までぐっすり寝られるようになってきました。

オムツが外せなかったのですが四、五歳では自分からトイレに行けるようになり、水着も自分から着てくれるようになりました。いまでは、服のタグもつけたままで着られます。口に入れるのも苦痛だった歯みがきも、大人と同じ歯みがき粉でゴシゴシ磨けるまでになりました。

保育園でも、療育と同じように娘の感覚過敏に合わせて、いやなことは無理せず保育をしてくださいました。私自身も療育で教えていただいたことを頭に入れ、親に合わせることはいっさいやめ、娘の気持ち第一に育児を始めました。

〝やりたいことだけでいい〟〝いやなことはやらなくていい〟とすると、私も楽になり娘もどんどん脱皮するように、たくさんの成長を見せてくれました。五歳になったいまは、とても楽しく過ごせるようになりました。こんな日が来るとは、正直、思っていませんでした。これからも娘の良い所がどんどん伸びていってくれるように見守っていきたいです。

（みはるちゃん五歳の母）

特性を理解したかかわりのサポートを

注意欠如・多動症では、多動性、衝動性は目に見える行動なので、障害が診断されるきっかけにもなり、理解が進んできましたが、それでも注意されることが多い特性です。不注意は、忘れ物が多い、片づけができないなど、本人の努力不足のように思われて叱られてしまいます。注意だけでなく、一緒に手伝うなど大人との良好なコミュニケーションで、成功体験を積み重ねてほしいものです。

最近注目されているのは、人一倍感受性が高く、繊細で敏感な特性があるＨＳＣ（Highly Sensitive Child）や、極端に不器用な特性をもつＤＣＤ（発達性協調運動障害）です。障害特性に対する正確な理解や配慮は必要ですが、子どもの苦手な面だけに着目し、解決や克服の手立てをとるのではなく、「苦手はがんばらなくてもよい」配慮や支援が必要だと考えます。

社会性を身につけることが難しい発達障害ですが、社会性は教えるものではなく学んでいくものではないでしょうか。それも、机上で学ぶものではなく、さまざまな失敗をしながら、自分で学習する機会を増やし、少しずつ、ゆっくり理解していくものだと思います。早く社会性を身につけて、お友だちと一緒に行動してほしいと焦る気持ちはよくわかりますが、その前に、大人との楽しいコミュニケーション体験や心地よい小集団での活動が必要ではないでしょうか。それを保障する役割が療育や放課後等デイサービスにはあると思います。

発達障害の子どもでも、「ダメなものはダメ」を教えることが必要だという意見もあります。しかし、ダメなことが起こる背景には、障害特性が大きく関係しています。特に感覚過敏は想像以上であるにもかかわらず当人以外はわかりにくいことや、不安が背景にあって、こだわりやパニックが強くなることを理解することが支援する側には求められます。

子どもの性と生の基礎知識

幼児期にはしばしば、午睡のときに性器を触っている場面とか、机の角に性器を押し付けている場面を目にすることがあります。やめさるべきか否か、どのように対応すればよいかと悩むところです。「おててがバッチくなるから」とか「イタイイタイになるよ」などと脅してやめせようとしたり、実際、「おててをペンするよ！」と叩いたりすることもあります。

幼児期の子どもにとって、性器を触ることは、禁止することでも、厳しく叱ることでもありません。大問題にすることではないのですが、放っておくものでもありません。ほかにすることがなかった、退屈な時間を過ごしていたか、何かのきっかけで性器を触って、気持ちよい経験をしたのでしょう。

「ダメなことをした」と子どもに思わせるのではなく、もっと身体を動かして、楽しいことが経験できる働きかけが必要でしょう。もしかして、うまく遊べなくて困っている姿かもしれません。また、大人からの優しい触れ合いを求めているのかもしれません。大人の優しい手触りで子どもの背中や頭など、身体に気持ちのよい経験が必要かもしれません。性教育は乳幼児期から必要だと考えます。さまざまな性について理解することや、やさしい触れ合いを楽しむ経験も大切な性教育だと考えます。

学齢期に入ると、マスターベーションだけでなく、好きな人への関心や不適切な接触を求めたり、他者への影響が出て、行動が問題視されたりすることが出てきます。生活年齢や発達年齢によって対応は違いますが、「禁止」や「注意」、「罰則」を与える方法では、子どもの気持ちを傷つけるだけで適切なサポートにはなりません。性の問題だけ取り出すのではなく、発達的な課題、興味や関心、生育歴なども加えて、子どもの抱えている課題について、多面的に検討することだと考えます。性の問題は生ともかかわっている大切なテーマです。

放課後等デイサービス事業所では、六歳から一八歳までの発達や障害に違いのある子どもたちが同じ空間で過ごすことが多くなります。支援者が性についての知識を深め、適切な対応ができる専門性も必要です。関係する本を紹介しますのでぜひ皆さんで学習を深めてください。

伊藤修毅編著『イラスト版　発達に遅れのある子どもと学ぶ性のはなし』合同出版

千住真理子著・伊藤修毅編『生活をゆたかにする性教育』クリエイツかもがわ

伊藤修毅編・〝人間と性〟教育研究協議会障害児・者サークル著『性と生の支援―性の悩みやとまどいに向き合う』本の種出版

みんなのねがい編集部『くらしの手帳　おとなとしてゆたかに生きるために』全障研出版部

3　子どもらしい生活ができていますか

子どもらしい生活とは、充実した睡眠、無理のない食事、大人や子ども同士の楽しいコミュニケーションや遊びが、一日の中に組み込まれていることです。しかし、発達に弱さや障害のある子どもたちは、子どもらしい生活を送ることが難しく、特に気持ちよく眠ることや食事を楽しむことに困難を抱えます。だからこそ、無理なく、心地よい生活が過ごせる工夫や見直しが必要です。特に家庭での過ごし方へのアドバイスや支援を考えてみましょう。

できているかな、充電？

子どもたちが通う保育園や幼稚園、学校、あるいは児童発達支援や放課後等デイサービス事業所など、家庭以外の場所で子どもたちはとてもがんばっています。苦手な給食を椅子に座って食べている、先生の指示どおり動いているなど、家では考えられない姿を見せてくれることがあります。あるいは、みんなの輪の中に入らず園庭を走り回っているとか、絵本の読み聞かせが始まったら先生のひざに乗り絵本を独り占めにするなど、ヒヤヒヤするような過ごし方をする子どももいます。どちらの場合も、集団で活動する場面が苦手なのですが、子どもなりにがんばっている姿です。

多くの子どもは家に帰るとリラックスします。ゲームやYouTubeに夢中になり、何度言われてもやめないで、ダラダラとした時間を過ごします。家庭で見せる子どもの姿は、園や学校とは別人ではないかと思うほど、「がんばらない」姿です。なぜでしょうか。

子どもは、充電していたエネルギーを昼間の活動で全部使ってしまい、帰宅したころにはエネルギーが切れて、動けなくなるようです。だから、家庭にはエネルギーを充電する役割があるのではないでしょうか。

一口でいえば、家庭では、園や事業所と同じように動いてくれなくても大丈夫です。むしろ、無理してがんばらせなくても、家庭では好きなことやできることを、たくさん、満足するまで取り組めば、たっぷりと充電ができます。そうして、また家庭以外の場でたくさんの経験ができます。

子どもが言うことを聞いてくれないと悩むママへの、「家庭はがんばる場所ではなく、充電するところ」というアドバイスは、子育てを楽にします。ここでも、ママの子育てに耳を傾けてください。

＜「そのままの自分」を受け入れてもらって充電完了＞

わたし自身が、がんばり屋さんのお母さんです。子どもを産んで、「がんばりすぎたらあかんよ」と何度言われたことか。がんばり屋さんですが、まじめではないので、家事などをきっちりこなすというよりかは、子どものためにギリギリまで自己犠牲をはらうことにがんばってしまうのです。

子どもがまだ乳飲み子のときは、よくトイレも我慢してお昼ご飯も食べず、足がしびれても、抱っこから降ろすと泣く子を一日テレビの前でずっと抱いていました。いま思えば、根性もいいとこです。きっと子どもを泣かせたくなかったんです。

でもがんばりって限界があるって知りました。がんばり屋のわたしは、ギリギリまで耐え、限界を超えると涙が出る、その場から逃げたくなる、一生懸命やってくれる夫に怒鳴る……

そんな姿を見せながら育てた子が、やりにくくなりました。攻撃的だったり、心の声を聞かせてくれなくなったり。本当は心根のやさしいいい子なので、ずいぶん自分を責めました。じつはいまでも責めてしまっています。精神的にゆとりがないからまた限界がくる。悪循環です。

なんとか悪循環から抜け出して子育てをするために、いろんな人に相談し、助けを求めました。そこでだんだん見えてきたのが、もっともっとがんばらなくていいということ。この感覚をつかむことがとても難しいのですが、そこをがんばります。しだいにわたしにとってがんばらないというのは、自分の気持ちを大切にするということにつながってきました。やっと自分自身で「そのままの自分」を受け入れ、心の充電ができ始めたのです。

するとあるとき、「わたしはわが子に厳しすぎるのかも」と感じました。それまでは、わが子が兄弟や友だちをたたいたり、人を傷つけることを言ったり、これだけは許せないとわたしが思う姿を見せたとき、徹底的に怒りました。湧いてくる感情は悲しいとか、焦りとかでなく、怒りです。でもわたしにとって譲れないこのとき、子どもにとってはがんばっていない素の自分を出しているときなのかもしれない。それなら、子どもは疲れてそのままの自分を出して充電しようとしたらお母さんに怒られる、充電が必要だったんだねってわかってもらえない。

そのままの自分を受け入れてもらえない。こんな経験をたくさんさせているのかもしれない。それならわたしと子どものいい関係が築けず、やりにくくなっても当然です。子どもも大好きなお母さんとこんな関係、つらかったはずです。

そう思えると、自然と怒りが湧かない日が増えました。子どもが兄弟に手を出してしまったときに、それを見たわたしには怒りでなく、そんな子どもを受け入れる気持ちがでてきました。急にすべての日に受け入れられるようになったわけではないですが、甘えてくるとき、ダラダラしているときはもちろん、わたしが受け入れがたい姿を見せたときも、「いまはその姿がこの子のそのままなんだ」と受け入れられる日が増えていることを、とても自分自身がうれしく感じています。

人ってきっと家から出た世界で、すごくがんばってるんだと思います。そんな家族が帰ってきて元気になる家、たっぷり充電できる家になるように、一日一日を積み上げていきたいです。

（かいしょうくん六歳の母）

食べること

嫌いにならない食事

子どもにとって食べることとは、丈夫な身体をつくるために大切なことです。好き嫌いをせず、なんでも食べてくれる子どもはママの理想です。少しでもがんばって食べて、食べる楽しさを味わってほしいと願う先生の思いもよくわかります。

しかし感覚過敏が強く、においや形、食感などに敏感で、食べることが苦手な子どもや、感覚過敏で苦しんでいる子どもにとっては、食事は楽しみより苦痛の方が大きく、一日の中で一番苦しい時間になってしまいます。

さらに追い打ちをかけて子どもが困るのが、少しずつでも食べていけば、そのうち慣れてくるだろうという勘違いです。絶対食べてくれない子どもはわかりやすいのですが、先生の期待に応えてがんばって食べる子どももいます。「なんだ、がんばれば食べられるんだ」と勘違いが上塗りされ、「じゃ、もう少しがんばって…」となってしまいます。少し大きくなってから、「無理に食べさせられていやだった」と家で話してくれる子どもも多く、「がんばれたから、がんばらせても大丈夫」と思わないでほしいのです。

食べることは毎日です。だからこそいやな思いをせずに、安心して食と向き合える環境が大切です。楽しい時間を過ごす療育でも、実際に調理し、自分たちで作ったものを食べるというクッキングの実践はよく取り組まれます。

スーパーに買い物に行くところから始める場合もあります。ゼリーやアイスクリームなど、火も包丁も使わないクッキングもあります。子ども用の包丁やピザカッターで食材を切り、ホットプレートで作る、焼きそばやホットケーキも大人気です。食べることよりも、まずは作る楽しさを経験することから始めるのがポイントです。

食事と身体

食事の場面は、お箸やスプーンを使う、椅子に座る、こぼさずに食べる、後片づけがあるなどのルールがあります。椅子に落ち着いて座れない、よくこぼす、うまくお箸が扱えないと、注意されることが多くなります。しかし、いくら注意されても、うまくできない原因があります。まず、体幹や手先の力が弱いと道具が思い通りに扱えません。噛む力が弱い場合は、カミカミもゴックンも上手にできず、食べるスピードが遅くなります。ウロウロすることを叱っても、すぐには落ち着けないことばかりです。

身体づくりや運動機能の向上は、長い見通しをもって取り組むことが必要です。個別支援計画に、「少しずつでも好き嫌いをなくす」などの克服が支援の目標になっていると、子どもにも親にもストレスです。

障害の特性理解や大人との信頼関係が基礎にあって、何よりお腹が減って食べたくなるような充実した食事以外の活動があることが、支援の課題になるように考えたいところです。

給　食

園や学校での対応として、二人の例をお話しします。

Bくんは偏食があり、保育園の給食もあまり食べられませんでした。学校へ行ったらどうするかなと心配していたのですが、入学し、給食を食べ、学校にも休まず通っていました。たぶん彼なりにすごくがんばっていたのでしょう。心配は的中し、二年生から全く学校に行かなくなりました。あのとき、がんばらずにいやな気持ちを理解してもらっていたら、と残念に思います。

Cくんは、白いごはんにふりかけか、ラーメンなど味のはっきりしたものでないと食べませんでした。幼稚園でもお弁当には好きなものだけ。支援学校へ行っても、一年生のときは、食べさせられる気配を感じると、給食をひっくり返していました。お母さんとも心配していたのですが、担任と「あせらずに」と意見を一致させて臨みました。すると、二年生になったタイミングで、担任との信頼関係もできてきて、給食が食べられるようになっていきました。現在は完食しています。お母さんとは「ムリさせなくてよかったね」と話し合いました。

早寝早起きは絶対か？

早寝、早起き、朝ごはんの「ねばならない」で縛られているママは多いのではないでしょうか。育ちに弱さがあれば、なおさらのこと、生活リズムを整え、脳の働きを活発にして、よりよく育つ環境を整えたいと願います。しかし発達に弱さや障害のある子どもにとって、「早寝早起き朝ごはん」はとても苦痛です。ママの「させなきゃ」の焦りと子どもの苦手が重なると、余計に生活リズムがつくれずに、イライラが募ります。

そもそも睡眠は、家族の生活にも大きな影響を与えます。いつまでも起きている、夜中に騒ぐなどがあると、家族が睡眠不足になります。睡眠の難しさは発達障害と関係があるといった見解もありますが、その正否はおくとして、毎晩つきあう家族は、障害だからしかたがないではすみません。

どのように工夫すれば効果が得られるのかを考えてみました。

寝る体勢になかなかならない、布団には入っているが寝つけない場合もあります。一概には言えませんが、見直したいのは、寝る前の時間の過ごし方です。家に帰ってからの時間で、三九ページに書いたような充電がしっかりできているでしょうか。ゲームのやりすぎを注意されていたり、ビデオが観たいのに無理にやめさせられたりして、気分がモヤモヤしたり、イライラした状態で、歯みがきやパジャマへの着替えを急がされ、気持ちがついていかないまま布団に入っていることはないでしょうか。誰でもガミガミ言われて気持ちよく眠ることはできないでしょう。

感覚過敏や切り替えが難しい障害特性があればなおさらです。「でも、放っておいたらいつまでも起きている」「翌朝、起きられない」などの悩みにもなります。

本当にそうでしょうか。何時に寝かさなきゃという時間の区切りに焦らないで、「そのうち寝るでしょう」と、ゆったりした構えで臨んでみてはどうでしょうか。よくママには「だまされたと思って一回実験してみて」とお願いしています。大人の気持ちの持ちようで、子どもの気持ちも変わってきます。

「生活リズムを整えよう」との課題が設定されると、家庭での課題がたくさんあり、やはりママのプレッシャーになります。しかし、充実した昼間の活動があってこその生活リズムです。家庭以外の場所や療育の場で、「生活リズム」としての課題だけ設定されるのではなく、そのために日中の活動の中で、子どもの発達段階と結びつけて遊びが組み立てられていることも、子どもの生活リズム確立には欠かせないことです。

着替え、トイレの悩み

衣類の着脱や排せつの自立も、子どもが育つうえで、どの親子も直面する困難です。子どもの身体の力と気持ちが育てば、自然に身についていくのですが、同じ年齢の子どもたちが、自分でパンツがはけるようになった、おむつが外れたと聞くと焦ります。

保護者の要望もあり、個別支援計画に排せつの自立や衣服の着脱についての課題が書き込まれることがあります。衣服の着脱は、身体のバランスや体幹の力と両手が使えることが大前提です。服を着ることはさまざまな手先を使う活動の延長線上にあります。楽しくてやってみたい活動なら、苦手な手先を使う活動でも意欲がわきますが、服を着ることはワクワクする楽しいことではありません。「着なさい」と指示されても、苦手なことは積極的に取りかからない子どもの気持ちもわかります。

手先や身体の力がつけば、少し促すだけで、無理なく服が着られます。着ることだけに支援目標が設定されていると、子どもは苦手なことに取り組むことになり、ストレスがたまるばかりです。がんばらせるのではなく、楽しい身体づくりから始めましょう。

苦手な着替えは、大人が手伝いながら楽しく済ませてしまいましょう。そんなことしたら甘えてばかりで、いつまでも自分でしないのではと思いがちですが、子どもはできる力を身につけると自分からやりたがります。自分でできるようになった子どもに、急いでいるからと大人が手伝ってしまったら、「ジブンデ」と駄々をこね、一からやり直すことはよく経験します。

トイレットトレーニングも難しい課題です。「うまくいった」「いかなかった」と、経験交流すると、うまくいった方法を試してみたくなります。しかし、排せつの自立は、おしっこの場合は膀胱の発達と密接な関係にあり、大便の場合は腹筋の力や食べるものとの関係もあり、簡単ではありません。衣服の着脱とはまた少し違いますが、ここでも身体の成長がかかわっています。繰り返しや無理な働きかけは子どもの意欲をなくします。ますます拒否的になり、かえって自立の時期が遠くなってしまいます。

いますぐできなくても、そのうちできるようになるからと、大人が気持ちに余裕をもって臨むと、意外にスムーズに、知らない間にトイレで排泄ができることが多いものです。「〇歳までには自分で」などの目標をつくらず、ゆっくり待つことをお勧めします。

身辺自立に焦っているママや焦らす支援者がいたら、その理由を聞いてみましょう。誰かと比べたり、「ねばならない」に縛られたりしているのかもしれません。「焦らなくても大丈夫」だけでは安心できません。なぜ焦ってしまうのかを一緒に考えましょう。そして、たくさん大人が手伝っても大丈夫、まずはがんばらなくてもよいという安心感をプレゼントする大切さが共有できれば、自立はもうすぐです。

Ⅱ

育てにくい子どもの子育てを考える

子育ては、喜んだり悲しんだり、困ったり悩んだり、そして怒ったり、ときには叩いてしまい反省する。そんなことの繰り返しです。誰もが、手探りで失敗しながら取り組みます。不安になれば、子育ての本やネットから情報を得るのがあたりまえの時代になりました。

発達に弱さや障害があることがわかれば、いっそう「ダメなことをわからせたい」「困った子どもにしたくない」と思います。そのための手立てはいろいろあるのですが、ママだけで悩みを抱えてしまうと、苦しい子育てになってしまいます。結果として、子どもの発達の芽を摘んでしまうことにもなりかねません。

どんなに子育てで困っても、子どもの行動に悩んでも、解決の方法は必ずあります。

なぜなら、どんなにダメなことや困ったことであっても、子どもの行動には必ず理由があるからです。でも親だけが考えてもその理由は見えてきません。そこで療育の専門家と一緒に、発達の知識を活用して、ことばかけひとつにしてもちょっと工夫して、焦らずゆっくりと子育てに取り組むと、出口が見えてくるのではないかと思います。

たくさんの先輩ママから、「小さいときはたいへんだったけれど、無理しないで、焦らないで、ゆっくり子育てを楽しんだら、あとは何とかなるものです」と、いま子育てに悩んでいるママへのメッセージをたくさんもらっています。先輩ママたちも悩んだことをヒントに、なぜ子育てがたいへんなのか、その理由を探ってみましょう。

子どもと親の気持ちのズレ

まず、子どもの時間と大人の時間の違いがあること。子どもが求めるのは待ったなしの「いま」、しかし大人は「ちょっと待ってほしい」あとの時間です。子どもが待てないのはこの大人とのズレにあります。しかも、発達に弱さがある子どもほど、年齢が高くなっても待てない理由があります。

「発達を知ろう」の項で、「○○だ」は子どもの気持ちそのものだと書きました。「いま、○○したいんだ！」という気持ちが理解されることなく後まわしにされつづけていると、そのあたりに宿題が残ってきます。「わかったよ」と大人に言ってもらいたいのです。つい「ちょっと待ってね」と言ってしまうと、子どもと気持ちとのズレが大きくなり、子どもはよけいに待てなくなります。

親の気持ちとしては「少しはがまんも教えなくてはいけないのでは」と、がまんをさせることはよくやりますが、待てない子どもはパニックを起こしたり、イライラしてしまいます。大人に「○○したいね」と気持ちを理解してもらい、楽しいことへの次の見通しがもてるようになると、期待しながら待つことができるようになります。カードなどの視覚支援で次の活動を提示して、見通しをもたせる方法もありますが、何よりも自分にとって楽しい見通しでなければ、子どもはよけいに不安になります。

学齢期になるとよく子どもに向けられることばが、「もう○年生だから」や、「中学生だから」。

子どもが「○○したい」と求めても、甘やかすことはよくないからと、がまんを強いられ、要望を聞いてもらえなくなります。

発達の段階を考慮することなく、子どもの気持ちを無視して、年齢や学年だけで対応すると、子どもの気持ちとのズレはますます大きくなります。中学生だから中学生らしくではなく、その子らしく、子どもが理解できる方法で、子どもの気持ちを尊重した対応を、大人が工夫することが子どもの豊かな育ちにつながります。

児童発達支援や放課後等デイサービスでは保護者の子育て支援も大切です。「早く○○ができるようになってほしい」と焦る保護者の気持ちを理解しながらも、子どもの発達をふまえたことばかけや「待つ」ことの大切さについて、保護者と話したり共有することが必要です。

自立も視野に入れて

二つめのズレは、自立についての考え方です。子どもは基本的に「甘えたい」気持ちをもっています。発達の弱さがあれば、年齢のわりには甘えたい気持ちの出し方も幼くて、力まかせに甘えてきたり、べたべたして、大人を求めてくることがあります。また、自分の気持ちを優先させて行動するので、傍目にはわがままに見えたり、自分勝手にふるまっているように見えます。発達を考慮されることなく年齢だけで対応されたり、周囲に理解してもらいにくいのが難しいところです。

一方で、幼児期だと、靴を一人ではく、自分で食べるなど、一人でできるようになると、少しでも自分でさせようと働きかけます。年齢が高くなると、片づけや時間割、明日の用意など、自立に向けての課題も必要なのではと思いはじめます。しかし、「〇〇ができる」ことが自立につながっていくのでしょうか。

自立に必要なのは、自分で考え、意思を表明し、誰かとつながる力ではないでしょうか。指示されないと「できない」、「やらない」のでは困ります。

重症心身障害児といわれる子どもも、目の動きや表情、動く手先を使っての意思表示をしています。どんなに障害が重くても、子どもは自分の気持ちを表現しています。それを読み取るには、読み取ろうとする大人の姿勢と力量が必要です。

発達障害といわれる子どもたちも同じです。よく話しているように見えるけれど、自分の感情を表現することが苦手です。緊張や不安が多くて思うように話せないことや、ことばの使い方をまちがって覚えている場合もあります。いずれにしろ、子どもの意図を大人がくみ取り、子どもが「伝わった」と実感することでコミュニケーションの力もつけてきます。「社会性を身につける」「自立に向けて」という目的で、スキルをトレーニングするのではなく、まず大人が子どもの気持ちをくみ取ることで、通じあった体験が子どものコミュニケーション意欲を育てます。自立に必要な「人とつながる力」は、大人との良いコミュニケーション経験があってこそ身につく力です。

自立のためと、できないことやいやなことをがんばらされる体験をたくさんしてきたらどうでしょうか。また、いつも「○○しなさい」と指示ばかりされていたら、自分で考えて行動する力がつくでしょうか。

たとえば学齢期、放課後の時間で、仲間と一緒にクッキングをしたり、お買い物に行くことも大切な取り組みです。放課後等デイサービスという学校とも家庭とも異なる放課後の場ですから、目標や課題が先にあり、子どもをそこに当てはめてしまわないことも重要です。大人がモデルになり、子どもが「やってみたい」と思えることを入り口にして、少しずつ活動を広げ、自分でできた喜びが感じられたら、自立への大きな一歩ではないでしょうか。

私たち療育の場の職員には、子どもの発達課題や障害特性を理解したうえで、自立を考えていく必要な手立てをアドバイスする専門性も求められます。

やりたいこととやらせたいこと

三つめは「子どものやりたいこと」と「大人のやらせたいこと」のズレです。

何でもさわりたがりで、やりたがりで、動きたがりで、いっときもじっとできない子どもや、新しい場面が苦手で、緊張して固まって動かなくなる場合、よけいに行動が激しくなったり、いつもと違うテンションになることもよくあります。行動が激しい場合には、まわりの目も気になり「やめなさい!!」と注意をしますが、子どもからすると、注意されればされるほど緊張やテンションが上がってしまいます。

ここでも子どもと大人の気持ちのズレが起こります。特に保護者や支援者は、落ち着かせたい、やめさせたいなど、子どもの行動を否定する動きになりがちです。しかし、子どもの行動の裏側には理由があり、特にめずらしいものがあると触ってみたい衝動を抑えることは難しく、危険だからやめておこうとはなりません。

ことばだけの注意では行動を止められないので、危険なことであれば、身体を張って危ない行動を止めます。問題は止めた後です。「だめでしょ！」と叱責するのではなく、もっと楽しいことへの気分転換に誘いましょう。もしその場所での振る舞いが、まわりへの迷惑になる場合は、同じ場所で落ち着かせるのではなく、その場から離れ、外に出かけるなどが必要です。かかわりの工夫で、子どもと大人の気持ちのズレを埋めることができます。

楽しいことに切り替えて、叱られる体験をできるだけ少なくすると、理不尽な思いを抱いたまま怒られないので、子どもはいやな経験をせずにすごせます。やがて、理解力や社会性もついてきて、その場にふさわしい行動ができるようになってきます。

乳幼児期は、まだそこまでの力はついていませんから、まずは、子どもの興味や関心、初めての場所への戸惑いや緊張、感覚過敏などの特性を理解して対応することです。

きょうだいのこと

激しいきょうだいゲンカが毎日続いてうんざりです、といった悩みはよく聞きます。

ここできょうだいの立場にたってみると、彼、彼女も学校や保育園で一日がんばって帰宅します。家ではゆっくりとエネルギーを充電したいのに、妹や弟に邪魔されるとお兄ちゃんらしく振舞えずに、妹を泣かしてママから怒られる。組み合わせはいろいろですが、妹や弟は兄や姉が大好きですし、障害のある子どもが、きょうだいにあこがれてまねっこしたいと思い、邪魔してしまうこともあります。

いろいろなパターンがあるので、正解があるわけではありませんが、有効な方法の一つとして提案したいのは、どちらが悪いなどの白黒をはっきりとつけない態度です。どちらにも理由があるので、まずはお兄ちゃんに聞きます。たいてい年齢が小さいほうが上のきょうだいの邪魔をしてくるので、お兄ちゃんならがまんしてほしいところですが、そうは言わずに、「それはいやだったね」と言い分を聞きます。弟にも言い分を聞いた後は、どっちもいやだったねと両方の言い分を理解したら、話はそこで終了にします。その後は「一緒にビデオ見ようか」「おやつ食べようか」「買い物行こうか」など気分転換ができる次の活動を用意します。

お互いに話し合いをして、どっちが悪かったかをはっきりさせる必要はないのです。なぜならば、どちらも上手に理由が言えるわけではありません。また、年齢が上だからといって、がまんができるとも限りません。その日の気分で、許せたり譲れなかったりと、気分は変わります。みんながホッとする家での時間は、もめごとが起こって当たり前。もしも、ご飯の用意をする間、きょうだい仲良くしておいてほしかったら、ＤＶＤやテレビのお世話になりませんか。

そして、次はごはんを食べる時間になったら、無理に終わりにするのではなく、お兄ちゃんやお姉ちゃんに終了を任せましょう。お手伝いを頼むと、のってくれるきょうだいがいるかもしれません。

ママと家族のこと

育てにくい子どもの子育ては、一人でも多くの理解者と応援団がほしいところです。ママやパパが一人でがんばっている場合は、祖父母はもちろん、家族以外のサポート体制が必要です。療育の場は、同じ悩みをもつママ友が集える場です。気休めでもアドバイスでもない、「うちの子もそうだったよ」と話が通じ合うだけでも、心強い存在になります。

一方で、パパがなかなか子どものことをわかってくれない、おばあちゃんがいろいろ意見を言ってくる、親戚が集まる場に行くと疲れるなど、本当は応援団になってほしい親しい人たちに、ママの子育てが攻められたりしてストレスをためてしまうママも。

パパに相談すると、「ぼくも小さいとき同じだったから心配はいらない」と言われる。おばあちゃんに相談すると、「男の子はそんなもん」ととりあってもらえないことも。反対に、孫かわいさの心配が高じて、ありったけの情報を提供する「積極的な迷惑」も。

いろいろ悩んでいるママからすれば、こちらがしてほしいサポートを期待しますが、期待を裏切られることの方が多く、落ち込んでしまいます。本音は、見当違いなアドバイスではなく、ただただ心配事の話を聞いてほしいだけ。将来の不安も口に出してしまえば少しはホッとするもので、良かれと思って言ってくれる気休めもいらないのです。「そうだね」「心配だね」「いつでも話してね」と身近な人に言ってもらいたいのです。

最近は、療育にパパが参加するところや、ママが忙しいのでおばあちゃんが孫を連れて来られるところも少なくありません。療育の場で対応するとき、ママのそんな気持ちをパパやおばあちゃんに伝えてもらえると、ママはうれしいでしょう。

パパの理解が難しい場合もあります。私の経験では、療育に通うことをずっとパパに内緒にしていたママが数人いました。ママたちは、「そのうち、わかってもらえたらよいので、いまあせっても仕方がない」と話していました。

家族によっても考え方や子ども理解は違います。もしもパパがすぐに子どもを叩いてしまうなど、子どもにとってマイナスな場合も、きっとパパにも叩いてしまう理由があるのだと思います。頭ごなしに「叩いてはダメ」と言ってもパパには響かないしょう。ママにも同じことが言えます。

療育の場では、ママやパパの話や子どもへの思いなどをじっくり聞かせてもらいましょう。時間はかかるかもしれませんが、子どもへの療育の意味を深く理解してもらえるよいチャンスです。

子育てのスタートからの支援

障害のある子どもを育てることは、思いもよらない事態に遭遇して、困ったり悩んだりしながら、後戻りできない状況を受け入れ、不安を少しでも解消しながら先に進む旅ではないでしょうか。保護者だけの心細い旅にならないように、たくさんの応援団で、楽しい旅をコーディネートする役割が支援者にはあると思っています。

まずは、親となったママやパパの困りや悩みを知ることです。ママのお腹に赤ちゃんがいるときは、夢や希望がたくさん詰まっています。出産が近づくと、とにかく無事に生まれてほしいと願います。しかし生まれてきてくれたけれど、保育器に入っていたり、身体に管をつけていたりと、命の危機を抱えてがんばって生きているわが子の姿を見て、戸惑わない親はいないでしょう。

描いていた夢と目の前に存在するわが子の間のギャップを埋めるためには、子どもの現実を我がこととして受け止める以外に選択肢がないのです。しかし、それは親が向きあうだけではなかなか前に進めません。子どもの病気や障害についての正確な情報や育てるための知識や手立てなどが、親になりゆく人に伝えられることが必要です。どんなに困惑していても、一歩前に踏み出さなくてはいけない状況で、その不安を専門家に十分聞いてもらい、必要な手立てを知ることは、旅のスタートラインで欠かすことができない準備です。

新型出生前診断を推奨する理由の一つに、「障害がわかることで心の準備ができる」があげられていますが、私は心の準備をしないで障害のあるわが子と出会い、そこをスタートに、素敵な子育てをしているママやパパにたくさん出会ってきました。ダウン症の子どもを育てるママやパパもたくさんおられましたが、みなさん思いもかけない「出会い」です。しかし、同じダウン症の子どもを育てているパパやママとつながり、必要な情報や子育ての指針を得て、前向きに子育てを楽しんでおられます。

子どもを産むということは、太古の昔から、何が起こるかわからない母子ともに危険な営みで、そのことは現代も同じです。だからこそ、現代は何があっても個人の責任にしないで、社会で受け止める仕組みが必要なのです。

価値観の転換

子どもの障害が重い場合や早くからわかるときは、比較的早期に子どもの障害と向き合うことになります。障害があることは誰の目にも明らかであっても、「この子を育てる」ということを自分のなかで認めることはなかなか困難な場合もあります。

障害が軽度、あるいはわかりにくい発達障害などの場合は、「生まれてすぐに」ということにはなりません。障害のない子を育てることを前提にした子育てのイメージが優先し、それに近づけるために、良いと思われることには何でも取り組む保護者がほとんどだと思います。そうすると、子どもはストレスを抱え、言うことをきかなくなり、おこられるという悪循環になってしまいがちです。子どもの障害の程度にかかわらず、焦らない療育や子育て支援が大切だと思います。保護者の不安を受け止め、子どもに必要な支援を話しあい、共有できる専門性が職員には必要だと痛感しています。

障害のある子どもを育てるということは、育てる側の思い描いていた子育ての価値観から、障害や育てにくさがあっても大切に育ててほしいという子どもの思いを受け入れる価値観に転換することだと、多くのお母さんから教えていただきました。しかし、この転換は保護者だけでできるものではありません。

子どもの障害の程度はそれぞれ違っても、子どもの自立という旅の終わりのイメージを描きながら、旅が気持ちよくスタートできることは、旅への不安も少なくなります。何が起こるかわからない旅ですが、最初から心配ばかりしていては楽しくありません。まわりの景色を楽しみながら、途中で困ったときには、そのことに詳しい人の支援を得て、問題を解決するスキルを身につけ、子どもの気持ちがわからなくなったときは、うまく通訳してくれる専門家と一緒に考えるなどで乗り切っていけるのではないでしょうか。

もし、行き先がわからなくなったり、まわりの景色が見えなくて不安になったりしたら、旅のコーディネーターがきちんと役割を果たしていないのかもしれません。旅であれば、迷ったときは人に尋ね、旅ガイドを参考にします。人生や子育ての旅も、困ったときは誰かにSOSを発信しましょう。自分を責めたり、一人で抱え込んだりせずに、子どもの育ちや将来の見通しをもちながら、不安はあるけれど、子どもの成長が感じられて楽しい毎日が送れるサポートが必ずあります。そんな場所があって、仲間がいる。それが見える社会にしたいものです。

障害のある子どもたちの支援にかかわる仕事の専門性には、保護者の子育ての旅をサポートする役割もあることを記しておきます。

Ⅲ　遊びを考える

1　子どもにとっての遊び

遊びは難しい

簡単なようで難しいのが遊びです。通常の保育であれば、保育園や幼稚園の実践集などにさまざまな遊びの例がどれも楽しそうに紹介されています。もちろんそれをそのまま日常の保育で利用するということではありませんが、障害のない子どもの集団であれば、かなり参考になります。それはそれぞれの実践例が「○歳児クラス」ということで示されており、それぞれに共通したイメージがもてるからです。でも、障害があり、年齢と発達の段階で違いがあると、「○歳児クラスの実践」がそのまま使えるわけではありません。

療育の実践で遊びを組み立てるのは、ベテランの療育者でもいろいろ悩みます。子どもの発達段階や興味や関心を頭に入れて、遊びを組み立てて準備をします。さらに当日は子どもの気分やその日のテンションも加味して、臨機応変に遊びを提供していきますが、何年やっても、戸惑うことばかりです。

最近の児童発達支援事業所の宣伝を見ていると、○○療法や△△式療育と銘打ったものや、発達障害を改善するため、あるいは苦手を克服する、適応を促すための、トレーニングのプログラムなどが多彩です。「集中力がない」という訴えにたいして視覚支援やスケジュールが推奨され、パニックには感情のコントロールのプログラムが提示され、「苦手なことを得意に変えましょう」と魅力的なことばが並びます。

また、乳幼児期の子どもにも、学習や自立訓練、機能訓練が必要だと書かれており、それらの総称として、これまで本書で述べたことと同じ「療育」ということばが使われます。こうした療育の場には、「遊び」の二文字や実践はなく、あっても課業と課業の間の休憩のような位置づけです。違和感をもつのは私だけでしょうか。

発達障害の特性を克服するために、早期からの「療育」が必要だと言われます。同じ「療育」という二文字で語られているため、訓練や課題克服が療育だと勘違いしている方が少なくないのではないかと心配しています。

遊びが育てる育ちの根っこ

手先の運動や文字の習得、ことばや感情のコントロールなど、子どもの苦手な部分に焦点を当てて働きかけることは、一見効果的なように思われます。でも、子どもの育ちをサポートする方法として、どうなのでしょうか。私は、つねづね大きな疑問と危惧を感じています。

子どもは、手や足など身体全体を使って、見て、聞いて、触って、動かして、味わいながら、興味や関心のあることに楽しく取り組むことで育っていきます。子どもの時期は、意欲が原動力となって楽しい経験をすることが必要です。遊びを中心に据えて、子どもの身体と心を動かし、「ヤッター！」と達成感を感じ、「モウイッカイ！」という意欲を育み、大人やお友だちとの一緒の遊びの中でコミュニケーションや社会性を育んでいくと考えます。でも、こんな療育が時代遅れのように思われる状況があります。

子どもの育ちを心配しているママやパパにすれば、「〇〇ができるようになる」ということばのわかりやすさは魅力的です。「発達障害は治せます」などと言われれば、なんとしてもそこに通いたいと思うでしょう。実際、毎日の子育ての中でわが子の「多動」に振りまわされ、「就学までに少しでもことばが話せたら」という思いで向きあっていたら、これを解決してくれることに期待を寄せる気持ちはよく理解できます。

でも、いまの課題の解決や「多動」などの問題を減らすことだけをみるのではなく、長い見通しの中で、育ちとともに問題が解決していくほうが、親子ともどもストレスをためないことにつながり、無理なく育っていく道すじにそっていることを知ってほしいと思います。焦らなくても大丈夫と、たくさんの先輩のママから教えてもらったことを、いま悩んでいるママたちに伝えたいのです。

同時に、療育に携わっている方にも、遊びの意味や役割について、あらためて考えてもらいたいと思っています。療育をする側も、心のどこかに「遊んでばかりでいいのかな」という思いがあったりします。また目の前の課題を解決することは、それはそれで大事だと思っていることでしょう。そんなとき、じつは遊びの中で育まれる「育ちの根っこ」に目を向けてほしいのです。そして支援目標が目先にとらわれず、先を見通した内容になっているかどうかも、大切にしたいポイントです。

子どもが体も心ものめりこんで楽しめる遊びは何か。そのための工夫ができるヒントを共有しましょう。

遊びの主人公になる

遊びについて説明するのはとても難しいことです。でも、「遊んでいるだけで発達が促されるの？」という疑問に答えるためにも、遊びの意味やねらいをしっかりとつかんで保護者に伝えることは必要です。

実際には、子どもと遊ぶときはつねにライブですから、予定通りに進むことはありません。そのときに生まれる即興のパフォーマンスが加わるからこそ、その遊びが「楽しかった遊び」として成立します。予定した遊びに子どもを参加させていく活動であっても、子どもの動きを大切にしながら、子どもが主人公となり、遊びが無限に展開していく経験が「遊ぶ」の本質ではないでしょうか。

発達に弱さや偏りのある子どもたちは、この「遊ぶ」に困難を抱えています。うまく遊べない、楽しめない、自分で遊びを展開するのが難しい場合、大人の役割が重要です。子どもの発信をしっかりキャッチして、子どもがいま求めているところに投げかえすという「気持ちのキャッチボール」の相手になるという役割が一つ。一方で、同時に〝いま〟というこの一瞬に、目の前の子どものもっている力を存分に発揮できるように働きかける役割もあります。

〝お友だちと〟〝集団で〟の遊びになる前に、まずは大人と一緒に遊びあうことを繰り返す期間が不可欠であり、療育の大切な役割だと考えています。

遊びのはじまりと変化

快の経験から始まる遊び

遊びは、生まれて間もないころから子どもが求める、心地よい感覚を感じることから始まります。心が動くことが遊びの原点です。赤ちゃんのころは揺れや抱っこ、少し大きくなってからは砂や水の感触などが心地よい感覚の代表です。満足いくまでたっぷり好きな感覚を浴びることで、神経系の発達が促されます。自分の身を守る手段、自我の育ちにも深くかかわっている経験です。また、意欲や生きる力のみなもとでもあると思います。感覚過敏などで不快を感じやすい子どもにとっては、遊びで快の刺激に満たされることが大切です。

期待する気持ちが遊びを広げる

快の感覚を求める気持ちは、生理的なものから始まりますが、次にそれを与えてくれる大人の存在に気がつきはじめます。そして、気持ちが良い、楽しかった体験は、「もっと」という気持ちを外に向かって伝えたいと、発信するみなもとになってきます。身体を動かしたり、声を出したり、微笑んだりと、相手との関わりを求め心が動いていることから、働きかける主体となっていきます。楽しい遊びを存分に行うことは、自我の形成につながっていきます。

仲間と一緒の楽しさを知る

自分で選んだ楽しい遊びを、大人と一緒にたくさん経験することを通して、自分以外の人の存在を知り、遊びの広がりを実感していきます。そして、同じような体験をしている子どもたちの存在に気づき、関心が広がっていきます。やがて共同の活動に発展することで、遊びの内容にも変化がでてきます。同じ活動を模倣することや、互いに協力しながら遊ぶ楽しさを経験することで、集団での遊びや、仲間との共同の活動が遊びを質的に変化させます。

このように子ども自身の発達段階とかかわって、求める遊びが変わってきます。遊びに子どもを合わせるのではなく、子どもに合った遊びを工夫することが必要です。

遊びという活動で楽しい経験を積むことが難しい、発達に課題のある子どもたちにとって、一足飛びにお友だちとうまく遊ぶことはできません。遊びの楽しさを感じるところから始めて、大人との遊びを通した経験を積み重ねて、お友だちが視野に入ってきます。発達だけではなく、遊びにも宿題がある場合があります。療育の場は、遊びの宿題に取り組む場ともいえるでしょう。

2　遊びのなかで育つ子どもたち

「遊びを通して○○力をつける」でいいの？

個別支援計画の中に「遊びを通して…」という言葉を使うことがよくありますが、本来遊びは〝手段〟ではなくて遊びそのものが〝目的〟だと考えます。「遊びを通して」と書くことで、その遊びの到達点、活動のゴールに子どもを導くことが支援の役割となってしまいがちです。いつのまにか遊びに目的が設けられ、活動の主体である子どもからずれて、予定された活動に子どもを当てはめ、「○○させる」ことになりやすい点には注意が必要です。

遊びを行ううえで大事にしたい視点について、実際の子どもの姿とともに考えてみましょう。

〝自分から〟の一歩を待つ（主体性を大事に）

◀Yちゃんのようす

Yちゃんって？　他の子どもたちが水遊びを楽しんでいるなかで、Yちゃんも水遊びをしていました。参加はしていますが、遊びを楽しんでいる感じではなく、服に少しでも水がかかるとすぐに着替えに部屋に入ってしまい、そのたびに遊びが中断します。感覚過敏も

◀担当者の思い

もうじきプールが始まるけれど、大丈夫かな？　プールや水遊びを楽しんでほしいけれど、無理

強く、はだしで庭に出られないので、Yちゃんの気持ちが途切れないように、タイミングよくサンダルを用意していました。

やはりプールに入ろうとはしませんでしたが、プールサイドでサンダルをはいたまま、カップやじょうろなど、道具を使って水遊びをしていました。

お友だちがシャワーにかかっているのを見て、自分もホースをもち、服の上から水をかけはじめる。ホースを扱うことがおもしろかったようで、何度もホースで遊ぶが、プールに入ることには抵抗があります。

には入れたくないなと思いながら、プールが始まった。

プールにはザブンと飛び込んだり、水をかけあったりと、激しい遊びだけではなく、これまでの水遊びの延長をプールサイドでもできることをわかってほしくて、これまでよく使っていた道具や好きそうなカップなどを用意した。

プールの中にじょうろなど、ほしいものが入っていると、取りたくてプールに入る場面がみられた。目的の物を手に入れたらすぐにプールから出ていくので、水の感覚を楽しむまではならず。シャワーが目に入ると走っていき、全身ずぶぬれになり、楽しい雰囲気をお友だちと共有するきっかけにはなっていました。

「やりたい」という気持ちがふくらんできていることを実感する。もっと気持ちが向いてくるのを待とうと思う。

「入りたいけれど、入れない」と気持ちが揺れているのがよくわかる。

プールに子どもが少ないときに、プールの中にホースを引き込んでみると、「プールに入らないとホースに触れない、やりたいな、いやだな」と、プールの外で葛藤しているようすがわかります。しばらく「やりたいけれど、どうしようか」と迷っていましたが、自分からプールに入り、すぐに出ることなく遊びはじめました。大股で歩きながら水の感触を楽しむ、大人のマネをして水面を叩いたり、おいかけっこしながら走り回ったり、大人と一緒に水の感触を楽しみ、水が楽しいものにかわっていきました。自分から主体的に踏み出したプールへの大切な一歩でした。

楽しそうにプールに入っている姿を見て、子どものねがいや思いをくみ取りとりながら、焦らずに気持ちが熟すチャンスやタイミングをつくっていったことが大切だったと感じた。やらないから「やらなくてもよい」ではなく、子どもの気持ちが向いたときに、いつでも応えられる準備をしていたことも重要だった。

少しでも服が濡れると着替えようとしていたYちゃんが、自分からプールに入っていくようになった背景にはどんなことがあったのでしょうか。これまでの記録を読み解くと、そこに至るまでの三ヵ月にたくさんの〝自分から〟があり、物の操作と要求の伝え方が横糸縦糸のように織り込まれていくことで、Yちゃんの遊びが広がり、友だちとの関係も変化していました。

通いはじめてすぐは、視線が合わず、ウロウロしていることが多かったのですが、ままごと遊びの食べ物を箱の中に入れたり、床に転がったボールをひろって箱に入れることを自分から見つけて行うようになりました。また、一方で棚に片づけてあった砂用のカップを全部出すということもあり、このころのYちゃんは、「出す」「入れる」の遊びが中心でした。

初めての母子分離で泣いていたものの、しだいに慣れてくると、行きたい場所やしてほしいことを職員の手をひいて伝えていました。砂遊びでは、職員がカップに砂を入れ「ジャジャーン」と言いながら型抜きをしてお砂のプリンを作って見せると、同じようにことばをまねして言い、カップを持ち上げる動作もまねていました。友だちの使っている道具を取ったり、友だちに砂をかけて「ヤメテ」と友だちが反応するのがおもしろくて、何度も繰り返していました。

「出す」「入れる」の活動は徐々に「移し替え」に変わり、やがて、砂をスコップですくって器に入れ、いっぱいになるとひっくり返すという目的がある遊び方に変わっていきました。そして、目的ができると「砂を入れてほしくてカップを差し出す」「水を入れてほしくてペットボトルを差し出す」など、要求の仕方がより具体的になっていきます。ジェット風船の遊びでは、はじめは風船がしぼんでしまうと、ゴミ箱に捨てていましたが、もう一度膨らませて遊べることがわかると、しぼんだ風船を職員のところに持っていき、空気入れも一緒に渡すようになりました。

入れたり出したり集めたりという行動は、子どもが自発的に始める行動です。繰り返し同じことに取り組む行動も、子どもが見つけてやりはじめた行動がみられたら（たとえばYちゃんのように〝入れる〟を熱心に行っていたら）、さりげなくボールを増やしてみたり、魅力的なかごや大きさの違う箱を置いてみたり、近くで大人もYちゃんと同じことをしてみるなど、Yちゃんのしていることをさえぎらないようにしながら、Yちゃんの遊びが広がっていくような働きかけをするのが大人の役割です。

ときには、大人にとってやってほしくない行動を繰り返すこともあります。Yちゃんの場合も、友だちにちょっかいを出したり砂をかけたりして、相手が「ヤメテ！」と反応すると、もっとやり続けることがありました。

ちょうどそのころ、「マテマテ」と大人が追いかけると、後ろを振り返って顔を見ながら逃げるという行動がみられました。Yちゃんは、自分から働きかけたことに相手が反応してくれることが楽しくなってきていたのです。大人も子どもも一緒になって「マテマテ」の追いかけっこ遊びをたっぷり行うようにしたことで、友だちのことを意識することが増えてきました。友だちが隠れるのを見て同じところに隠れているという模倣をして、遊びが広がっていきまし

つけたい力(話せるなど)だけに注目していませんか。子どもが自ら発信していることに大切なことがたくさん含まれています。それを見つけて楽しい遊びに発展させていく視点をもちましょう。

た。大人にとってやってほしくない行動も、子どもがなぜ繰り返すのか、どこを楽しいと感じるのかを考えて、遊びの中に取り込んでいくことが求められているのです。

Yちゃんが自分からやってみたいなと思ったことを、まわりの大人が発達に必要な遊びととらえ、遊びとして成立するようにサポートしたことが大切なポイントでした。プールへの大切な一歩を踏み出し、ひとつの殻を破ったYちゃんは、遊びの中で「～したい」という要求がたくさん出てきました。大人がそれをかなえてくれる存在であるという経験を積み重ねたことで、やってほしいときには「ウニャ、ウニャ、ウニャ…」と大きい声を出すようになり、やがておやつのときにゼリーを差し出し、初めて「アケテ！」とことばで伝えてきてくれるようになりました。

子どもにつけたい力に目標をおくのではなく、子どもが自発的に行っていることに注目し、〝やってみたいな〟という意欲を育てる取り組みを重視したいのです。大人が子どもの〝自分から〟を尊重することで、子ども自身が要求の主体になることができ、自分から外界に働きかけてどんどん変化していきます（前ページの図）。その土台をつくるのが療育の役割です。

❈遊びのワンポイント①

「マテマテあそび」と言うと、みなさんには伝わるでしょうか。子どもが走って逃げて、それを大人が「まてまて～」と追いかけて、子どもをつかまえてギュッと抱きしめたり、コチョコチョしたりして、また子どもが逃げるという単純な繰り返しの遊びです。

これがじつはとても奥が深いのです。シンプルなので応用範囲が広く、療育に取り入れやすい遊びです。最初は、つかまえたときに子どもの好きな感覚刺激で遊び、「もっとやってほしい」と相手の働きかけを期待する気持ちを育てるところからです。徐々にそれが進化していくと、追いかける側、逃げる側の役割を交代します。子どもが大人を追いかけたり、逃げた先で隠れてかくれんぼに発展したり、それがやがてルールのあるオニごっこや氷オニ、色オニ、高オニ、缶けりなどの遊びに発展してきます。

さらにこの遊びの優れているところは、用意するもの何もないということです。そのため、子どもが「オニごっこしよう」と言ってきたら、あるいはことばにしなくても〝オイカケテ〟のサインを送ってきたら、すぐに始めることができます。子ども発信の遊びになることで、短時間でも毎回繰り返される遊びになっていき、積み重ねることができます。そして、ドキドキ、ワクワクしながら、走ったり、隠れたり、相手の出方を予測して逃げる方向を考えたり、友だちと協力して捕まった人を逃がしたり……と、心も身体も、コミュニケーションの力もフルに回転させて遊ぶ、万能な遊びです。

安心感が世界を広げる

Kくんって？

・「どうしたらいいの？」「次何をしたらいいの？」「これでいい？」と見通しがもてないと何度も聞いてきます。

・「○○はダメ！」「△△はしないでね」と大人に伝え、嫌なことに遭遇しないようにバリアを張っています。

・気になる遊びを他の子どもがしていてもすぐには加わらず、ジーっと見ています。遊びに参加しても、自分が不利にならないルールがあることや、大人がやっているような役割があることで、安心して参加できます。

＊K君の姿から、かかわり方を振り返る

不安が強いKくんに対しては、初めての活動のときは、モデルを見せたり、一緒にしたり、不安にならないかかわりを大切にしました。具体的には、心配なことを大人に確認するときには、「それで合っているよ」「一緒にしようか」などのことばで返し、Kくんと約束したことは大人は必ず守るように意識し徹底していました。お友だちの遊びを見ているときは、「やってみる？」などの声かけは控え、どんなようすや表情をしているのかを観察し、「やりたい！」と思うタイミングを見逃さないように気を配っていました。

大人と一緒にするなどの役割をつくることで、遊びに参加するきっかけを用意するようにしていました。

＊マテマテ遊びの要素を取り入れた「サメごっこ」

「サメごっこ」は、大人がサメになって子どもをつかまえる遊びです。つかまえられない安全地帯をつくり、子どもたちはつかまえられないように逃げます。「サメごっこ」遊びのねらいは、大人に追いかけられることを楽しむ、つかまらないように考えながら逃げる、楽しみながら体を動かす。大人と一緒につかまえる役割にまわることもでき、始まりや終わりが明確ではないのでいつからでも遊びに参加でき、自分のタイミングで遊びに加わることができることです。

◀Kくんのようす

サメごっこを初めてしたときは、お友だちの遊びを大人のそばで見ていました。

何度か繰り返し行ううちに「サメごっこ」が始まると、大人と一緒にサメになってつかまえる側になって遊びに参加する場面がみられるようになりました。

◀担当者の思い

つかまるのが怖くて、つかまえる側になっているのだと考え、サメになってつかまえる役割を大切にして、遊びに参加する機会を増やしました。

サメごっこをしはじめてから半年が過ぎたころ、サメ役をしている大人に、「ボクはつかまえないこと」と言いながら、子ども側で遊びに参加すると言ってきました。「わかったよ」と返答し、約束通り、みんなと同じようにKくんを追いかけても、絶対につかまえないようにしました。

怖いものがたくさんあるKくんが、遊びに参加してみたいと思ったことが嬉しかった。

いつものように「ボクはつかまえないで」といったうえで、遊びに参加してきました。大人も約束を守ってつかまえないようにしていたが、Kくんから「やっぱりボクも追いかけていいよ！」と伝えてきました。Kくん自身が追いかけられるほうがおもしろいと気づく、気持ちの変化が見られました。

「おいかけていいよ」とは言ったものの、怖くならないように、追いかけるときの距離感に配慮し、楽しいと思えることを大切にした。

追いかけてもいいよと言って参加するようになってからは、始める前の約束がなくても「サメごっこ」に参加する。サメが姿を消すと、お友だちと一緒に、サメを探しに行くようにもなっていました。

遊びに入る前に必要だった約束がなくなったことに、驚きと喜びを感じ、安心できたことで、遊びが楽しめたり、少し怖くても「やってみよう」と思う気持ちの変化を実感した。

＊振り返ると

大人がいくらことばで「大丈夫！」と言っても、Ｋくん自身が安心できることが大切でした。大人にできることは、安心できる環境を用意することだと考えました。「つかまえないで」の条件付きで参加したときも、少しぐらい大丈夫かなと思いつかまえていたら、約束を破られたことに大人との信頼関係も崩れ、遊びから遠ざかってしまっていたかもしれません。

Ｋくんの場合は、自分で不安なことを安心に変えようとする過程を見ることができたので、あせらず、ゆっくりとＫくんのペースを理解し働きかけることができ、職員間で共有し、かかわってきたことも大切なことだったと感じています。

子どもがいやがったり、参加しなかったりするときには、必ず理由があります。特に、〝不安〟が原因となって、お友だちと同じ活動に参加できないことが多いようです。不安の内容は子どもによって違います。

感覚過敏からくる不安

・水に濡れるのがイヤ　濡れたらどうしよう
・大きな音が苦手　急に大きい音がしたらどうしよう
・偏食がある　給食に苦手なものがでたらどうしよう
　見ただけではどんな味がするかわからない

見通しがもてないことへの不安

・言葉から状況をイメージできず、次に何が起きるかわからない
・自由な場面が苦手　何をしたらいいかわからない
・いつまで続くか、いつ終わるのかがわからない
・予測不可能なことが不安

「できなかったらどうしよう」の不安

・できなかったらどうしようと思うと取り組めない
・完璧にできるまでは、人前でできない
・負けるのがイヤ　負けたらどうしようという不安
・人に見られていることが気になる

安心感が得られるには、「いやだ」「きらいだ」「苦手だ」「やりたくないんだ」という思いが表明でき、それが「わかったよ」と受け止められることが前提です。いや、きらい、苦手、やりたくないと、ありのままの自分が受け止められて、「～がいやだったんだね」と共感してもらえることが支えになります。

それが自分から出せない場合は、大人が観察して、いやなことを推測することが必要です。

いやなことに立ち向かわせるのではなく、まずは、それを取り除いて安心して過ごせる環境

をつくることです。ここで、少しぐらいなら大丈夫だろうと欲を出して信頼を裏切ると、不安はいっそう強くなります。

Kくんの場合は、「サメごっこには参加したい。でもつかまるのはいや」、「予測不可能なことが不安」でドキドキ感が耐えられなくて、「ぼくはつかまえないこと」というマイルールをつくっていたのです。これに対して「みんなと同じルールを守りなさい」ではなく、Kくんのことばの背景にある不安な気持ちを汲みとってそのとおりにしたことで、安心してサメごっこに参加しました。しだいに余裕をもってまわりを見ることができるようになると、「やっぱりぼくも追いかけていいよ」という変化につながったのです。

そこに至るまで、サメごっこは半年間以上続いていました。数回で終わるのではなく、子どもからの「サメごっこしよう」という発信から始まる定番の遊びになっていたのです。また、他の遊びのときも、Kくんには綱引きの審判役をしてもらうなど、遊びの中で安心して取り組めるような工夫をしてきました。

Kくんが「やっぱりぼくも追いかけていいよ」と言った二週間前に、じつは変化の兆しが見えていました。マットの山登り遊びをしているときに「ぼく、だんだん上手になってきた！」と言っていたのです。「できる—できない」の結果ではなく、だんだんできるようになってきた自分を実感して、過程を楽しむ姿があったのです。

「発達支援」というと、何かをさせる、新しいことに挑戦させるなど、できないことに取り

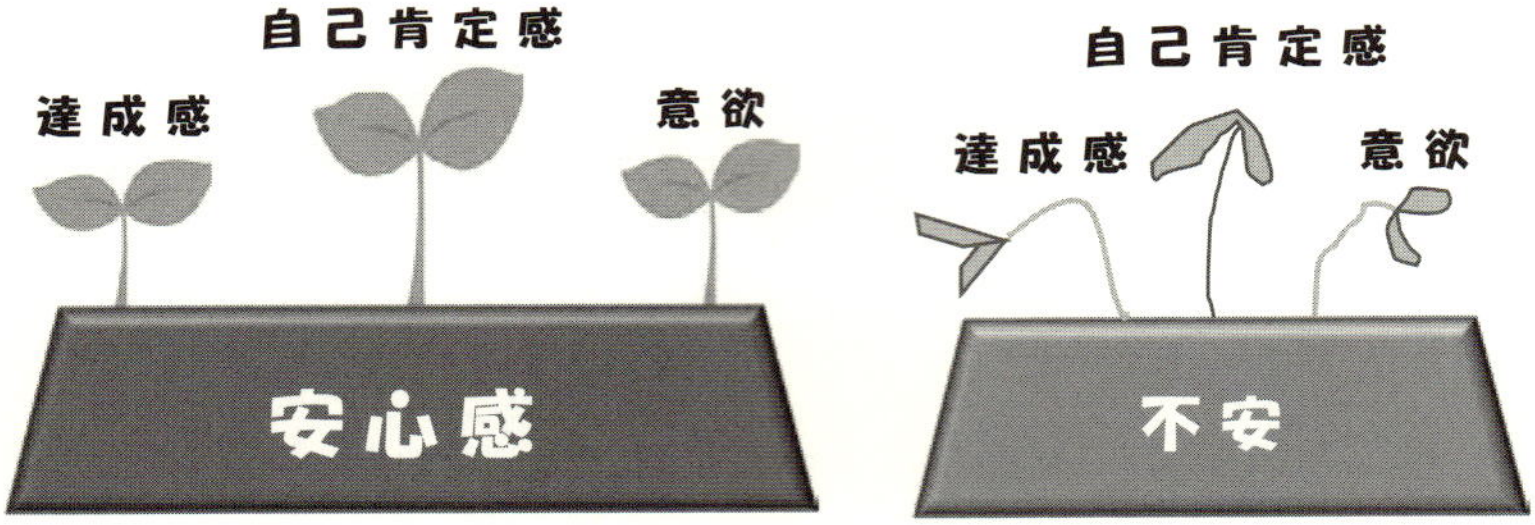

組むことのように思いがちです。それに比べると「安心感」というのは、何もしていないように見えてしまうかもしれません。すぐに成果が見えたわけではありませんが、安心できる環境をつくってきたことで、じつは、Ｋくんの中に達成感や自己肯定感や意欲が育ってきていたのです。

安心して取り組めるからこそ達成感があり、行動の元にある思いを理解して受け止めてもらうことで自己肯定感を育むことができます。やりたいな、でもちょっと怖いなという気持ちの揺れに寄り添い、Ｋくん自身のタイミングを待っていたことが、自分もやりたいという意欲につながったのです。

※遊びのワンポイント②

遊びのルール、社会的なルール、親が決めたルールなどが守れるようになるのは、いつごろからでしょうか。

内容によって時期が異なると思いますが、最近は発達段階に関係なく、ルールに「従えること」が良いこととみなされる傾向が強まっているように感じます。

色水遊びをして、ペットボトルに何本もきれいな色のジュースができあがると、子どもたちは「持って帰りたい！」と言います。それにたいして、たいていのママは、「全部は無理。どれか一本にしなさい」と言います。まれに、「しかたないなぁ」とペットボトル七〜八本を袋に入れて持ち帰るママと子どももいます。

どちらが正解ということではないのですが、「ボクも持つわ」と言って、袋の重みを感じながら満足そうな顔をして帰っていくその瞬間が、子どもにとって必要な経験ではないかと思います。何本も持って帰る経験を重ねると、不思議と子どもの方から、「きょうは一本だけにしとく」と言って、たくさんの「ジュース」を見比べながら、選りすぐりの一本を自分から選ぶようになります。

Kくんにとってのキーワードだった「安心感」とともに、「満足感」も大切にしたいキーワードです。満足感がたっぷり得られることで次に進めることはたくさんあります。「ひとつだけ」の前に「いっぱい、い〜っぱい」の時期が必要なのでしょう。お友だちのものを取ってしまう、順番が守れないというトラブルも、その一歩手前のところに時間をかけて「満足感」を体験することで変わっていけるようにすることが、療育の遊びの役割ではないかと思います。

糸口をみつける

Eくんって？

音や大勢の人が集まるところが苦手で、絵本や紙芝居は好きですが、部屋には入らず、遠くから見ています。初めてのことや注目されることが苦手で、失敗も大嫌いです。
幼稚園でも療育でも、集団に入れないままで過ごしています。
療育では、安心できる環境をつくることや、他の子どもたちが入ってこない領域や彼だけが遊ぶおもちゃを確保する準備をする、なるべく同じスタッフがかかわるようにし、安心できる大人との関係をつくるなどに気を配りました。

*糸口1　子どもの姿の中から見つける

◀Eくんのようす

Eくんは、みんながオニごっこを始めると、全体を見渡せる高いところに登ってオニごっこをするようすを眺めていた。

◀担当者の思い

遊びに入りたいけど、入れないのかな。

どんな遊びだったら、一緒にやってみようと思うか。

色水ジュース作りより、ペットボトルのふたを流す遊び、エアホッケー、おやつ探しのように、見てわかる、目的がわかりやすい遊びには入ってきている。入りやすい遊びと入りにくい遊びがあるようだ。

好きな遊びは何だろう。

＊糸口2　他の場所での姿も知る

幼稚園でのようすを見学に行ったときも、設定遊びの時間には、入らずみんなのようすをこっそり見ていた。でも、好きな歌「ようかいしりとり」の時は一番前に来て参加している。また、「宝探しがしたい」と自分からやりたい遊びを求めて一緒にして、みんなでできたことに喜びを感じていた。

妖怪が好きなんだ！　好きな活動のときには集団に入れている。

遊びに取り入れたこと
①来所した時に好きな絵本（迷路や絵探し）を見ることができるようにする。
②園でやっている宝探しをできるだけ同じように再現してみた。
③ようかいカルタ（他にも妖怪が好きな子どもがいたので共有できる具体的なアイテム）が後半の時間にお友だちと一緒にできるように用意した。

＊Eくんの変化

登園すると、すぐにやりたい遊びが用意されていることで、自分の安心できる居場所ができて、療育が不安なくスタートできるようになりました。

宝探しでは、宝を作る（新聞紙を丸めてセロテープで貼り、上から金や銀の紙を貼る）ところから始めると、そこには近づいて来ましたが、手先を使うことには不安を感じていたので宝は職員が作りました。Eくんは職員と一緒に探す係になると、自分から「もう一回しよう」「もう一回しよう」と一〇回くらい繰り返し要求し、集団の中で生き生きとしている姿が見られました。その日は、よっぽど楽しかったようで「おやつ食べてからもしよな！」と言い、今まで入れなかった部屋で友だちと一緒におやつを食べ、その後の紙芝居も同じ空間で見ていました。

その後、Eくんは、好きなお友だちもでき、心の支えも大人からお友だちへと変化してきました。集団の中に居場所ができ、人が集まるおやつの時間や紙芝居の時間も、毎回お友だちと同じ空間で見るように変化しました。

時々とまどったり緊張したりすると大人の支えを求めることはまだありますが、気持ちの揺れや変化を見逃さないように見守っています。

【ポイント】

①あえて集団に入れるのではなく、Eくんの好きなことを中心にしてほかの子どもが入ってくるようにしました。

②好きなことややりたいと思う活動を、Eくん自身がたっぷりと満足するまで取り組めるようにつきあってみました。

③Eくんの場合は、みんなと一緒に遊びたいという願いをもっている一方で、離れたところから見る、やらない、できないという場合がありました。そのようすから見つけた糸口は、登園してきてすぐの時間、そして最初の三ヵ月、また、初めての活動をするときは、「大人と一緒に」を意識することでした。

④宝を隠したり、見つけたりすることが楽しいと感じている本人の気持ちを受け止め、あえて苦手な宝を作るところは無理強いせず、あらかじめ作っておいた宝をタイミングよく渡し、すぐに遊びはじめるようにすることで自然に集団で遊ぶ機会ができました。Eくん自身も自分発信の遊びをお友だちみんなが一緒に楽しんでくれたことがうれしかったようです。

遊びに参加していく糸口に、絵本、宝探し、ようかいカルタという好きな遊びがあったことでEくんの姿が変化してきたことがわかります。好きなことが見つかっても、それを子どもに直接ぶつけることにはなりません。好きなことをどのように取り入れて遊びを組み立てるかは、時間や空間、子どもの発達段階や何に手ごたえを感じているかによって多様です。特に、子どもが感じている手ごたえをつかむことは大切です。取り組む集団の大きさやそのときの大人の役割、ある領域だけでなく多面的に働きかけていく視点をもって考えていくことが必要です。

❖遊びのワンポイント③

宝探し遊びには、じつはいろいろなしかけが含まれています。

①役割交代がある

大人が隠して子どもが見つける、子どもが隠して大人が見つけるというように役割を交代することができます。子ども同士のつながりができていたら、子どもチーム対大人チームとか、子どもチーム対子どもチームで見つけあったりするなど、その集団のねらいによって役割を考えることができます。

②ヒントの出し方を変えられる

どこに隠したかというヒントは、子どもの特性や発達段階によって工夫することができます。隠した場所の写真や地図、クイズにする方法もあれば、隠した場所のヒントは言わず、「全部で一〇個隠したよ」と言って、みんなで探す方法もあります。

③だましあいのおもしろさ

隠したところを聞かれても「知らな～い」とごまかしたり、隠した場所と反対側を指差して「あっちほうで見たよ」と言ってだますのも、この遊びのおもしろさです。それは、相手の立場に立って考えることができるようになってきたからこそ、また、言いたくてもそれをぐっとこらえることができるようになったからこそ成立することです。

④宝の工夫

宝を何にするかのバリエーションは無限にあります。きょうのおやつを隠すとか、宝を作るところから始めることもできます。新聞紙で玉を作って金色の折り紙で包んだものを作ったり、ペットボトルにキラキラした紙や切り抜いた絵を入れて宝にしたりすることもできます。

普段は製作が苦手な子どもでも、〝たから〟というキーワードが魅力的ではりきって作ったり、中には、宝作りにはまって本来の宝探しを忘れるくらい熱中する子どももいます。〝たから〟ではなく、カードを隠して、カードを見つけるとそこに次のミッションを書いてあるなど、遊びを発展させていくこともできます。

⑤隠す場所の工夫

はじめのうちは、決まったパターンのところに隠して、確実に見つけられるようにして、子どもたちが慣れてきたら徐々に隠す場所を変えていきます。はしごに登れないと取れないところに隠すとか、みんなで協力しないと取れないなど、身体を使ったり、相談して取る方法を考えるなど、身体も知恵も使う遊びになります。

宝探しに限らず、ふだん行っている遊びもそれぞれにいろいろな展開があると思います。遊びを広げていくためには、遊びの引き出しをたくさんもち、その中にある遊びの要素を把握しておくことが大切です。そうすれば、子どものようすから、サインをキャッチして、そのときの子どもに合った遊びを提供することができます。もちろん遊びのねらいや意味を考えることは大切ですが、「ねばならない」になって、子どもの思いとは違うところで、ねらいだけが目的になると〝遊び〟ではなくなります。

遊びのきっかけは提示していたとしても、そこから子どもが自発的にやりはじめたことを大人がキャッチして、子どもを巻き込んでいくような相互作用が成立します。そのときに大人だけではとうてい想定できなかったことが起こり、大人も子どもも「楽しかった」と思える遊びになるのです。大人は、遊びを提供しているように見えて、じつは子どもからたくさんの遊びのパワーをもらうことで、遊び心を失わずに遊び続けることができているのかもしれません。

3　職員もともに育つ

遊びが成立するためには、職員も一緒になって楽しく遊ぶことが不可欠です。そして、そのためには、職員の人間関係・チームワークが重要です。

療育はチームプレーで

職員もそれぞれに個性があり、得手、不得手があります。きっかけをつくるトスを上げるのが得意な人、子どもをグッと引きつけるアタックが得意な人、後方で守りながらフォローするのが得意な人など、得意分野が異なるからこそ、うまく成り立っていることがたくさんあるのではないでしょうか。

チームで動くためには、できていないことを指摘しあうのではなく、お互いを認めあい補いあうことでこそ、それぞれの持ち味を生かすことができます。また、グループでリーダー役を担当していると、その日の遊びがうまくいかなかったときに、自分の進行が悪かった、遊びの選択が悪かったなどと個人の責任のように思いがちですが、チームで行っている仕事なので、個人の評価をしないことが前提になっていることが大切です。

チームで動くことで、他の職員が関わっている姿を見ることができ、そこから学ぶことがたくさんあります。一対一の個別支援では得られないことがたくさんあり、大人も集団で動くことで成長・発達していき、それが子どもの支援の質的向上にもつながっていきます。

話し合う時間の大切さ

その日利用（通所）した子どもの人数分だけ報酬が発生する「出来高払い」のしくみの中で、職員が話し合う時間は圧倒的に少なくなりました。しかし、日々の療育を振り返り、子どもの姿や自分たちの関わりについて話し合う時間は必ず必要で、その積み重ねが療育の質の向上につながります。少ない時間を有効に使い職員が思いをひとつにしていくためには、どんなことを心がけたらよいでしょうか。

・ステキな話し合いにするために

自分の感じたこと、考えたことを自分のことばで伝え、いろいろな価値観が認められることが、職員自身にとっても、療育の仕事をするうえでも大切なことです。正しさを追求していくようような話し合いは、しんどいものです。職員集団の中で誰かひとりの意見に従っていくのではなく、若手からベテランまでが意見を交わしあい自分の考え方や感じ方を確認しながら、チームとしての方向性をつくっていきましょう。

ベテラン職員にとっては、経験が邪魔をして見えにくくなっていたことが、新人職員のピュアな発言で気づかされることもあります。新人職員にとっては、先輩の意見と食い違ったときに自信をなくしたり、わかってもらえなかったと悔しい思いをすることもあるかもしれません。そんなときは、そこで腐らず、子どもの記録を振り返って読んだり、気になっている部分に関する本を読んでみてはどうでしょうか。悩んだり考えたりしながら読んでいると、本の中の重要なフレーズがスッと入ってくることがあります。それがまた経験と重なって自分のものになるのではないでしょうか。

・会議の内容を工夫する

療育の打ち合わせや振り返りの時間はどこの事業所でもつくっていると思います。その打ち合わせが遊びの段取りや、役割分担だけで終わってはいないでしょうか。振り返りが職員や子どもに対するダメ出しの時間になっていないでしょうか。

打ち合わせでは、「きょうは子どものこういう姿に注目しよう」「この遊びでは、こんな姿が見られるとよいね」と、子どもを主体にした視点を共有することで、その日の遊びの見方が変わってきます。振り返りの時間には、きょう見つけた子どもたちの変化の〝芽〟を見つけて共有する視点で報告しあうのはどうでしょうか。ついつい「遊べない」「調子が悪い」「楽しんでいた」「機嫌がよかった」という表現で終わらせていないでしょうか。なんとなく子どものようすが共有できたように感じても、そこで終わってしまうと、次に活かせるヒントが得られません。

振り返りでは、「どんなときに集団から離れていったのか」「どのような遊びのときか」「子どもは何を見ていたか」など、「遊べない」とひとくくりにするのではなく、具体的なようすを話し合い、そのときの必要な働きかけを探る必要があります。職員の働きかけに対してのダメ出しの時間にならないようにするコツも、子どもの姿を中心に据えて話し合うところにあると思います。

日々の会議だけでなく、一ヵ月、半年という長い期間を振り返って話し合うことや、遊びのことを中心に話し合うなどテーマを決めて話し合う場、グループのリーダーが集まって悩みを出しあう会議など、いつもとは違う切り口で話し合える場をいくつかつくる工夫も必要です。

「先輩」を共有しよう

児童発達支援事業や放課後等デイサービスは、子ども一〇人に対して職員二人の職員配置で事業を実施しているところが多いと思います。一〇人定員の事業所では、正規職員が三人の事業所が多く、チームで行う仕事といっても少ない人数での実践になり限界もあります。

事業所内だけで困難を解決しようと考えるのではなく、自立支援協議会などが主催している研修会や近隣の事業所で行っているような勉強会があれば参加することや、自主的な地域での勉強会を他事業所に呼びかけるなどで、他事業所との交流ができ、違いを知ることで自分たちの実践を振り返るきっかけにもなります。少し視野を広げてみれば地域には先輩も同僚もたくさんいます。

自分から外に出て行くことで、地域のネットワークが少しずつ広がり、困ったこと、わからないことが出てきたときに、「このことは、あの事業所の〇〇さんに聞いてみよう」と活用できれば心強いのではないでしょうか。地域の子どもたちの育ちや子育てを支える支援の輪ができ、みんなで療育の質をあげていくことができる地域づくりをめざしたいところです。

コラム

つぶやきコーナー

〈新人のつぶやき〉・・・・・・

子どもひとりひとりをよく見ることが大事だなと思う。

やみくもにブルーになることがある・・・

発達のことがわかってないって思うけど、本を読んでも明日の仕事にすぐに役立つわけじゃない。

〈中堅のつぶやき〉・・・・・・

自分の担当しているグループがうまくいかなかったらへこむ。

子どもの姿から学ぶことがたくさんあって、「療育の仕事ってプライスレス!!」って思いたいけど、思い切れない自分がいる。受け取っているほどのものを自分が返せていないとプレッシャーを感じてしまう。そのプレッシャーに向き合っていくことがしんどい。

人の人生に関わらない仕事がしたいなぁと思うことが時々ある。

チームの中での役割分担が見えてきたから、ひとつのピースが欠けたら、今日は自分がいつもと違うピースにならなくてはと思うようになった。

自分がリーダーだからって、がんばり過ぎなくていいんだなって思えるようになってきた。

へこむのは、“今日の遊び、子どもに合ってなかったな”と気づくから。

〈ベテランのつぶやき〉・・・・・・

療育の仕事は、楽しい。でも年齢とともにそれ以外の事務的な仕事の量も増えてきて、これからそこにどうむきあっていくか。

定年まで子どもと思う存分遊びたい。でも、体がついていけるか心配。

“遊び”のもつ自由な側面とそのもとにあるねらいや目的の両立をめざしたい。

子どもの成長発達を長いスパンでとらえられるようになってきた。

以前は、良かれと思ってアドバイスしていたことも、今は、とりあえずやってみたらいいやんと思うようになった。言われてするより、やって気づくことの方が大事かな。

おわりに

一人の青年の驚くべき変化と成長を最後に記して、本書の結びとします。障害のある子どもたちにかかわる仕事をしているみなさんや、さまざまな困った行動に戸惑ったり悩んだりしているママやパパに、感覚過敏やこだわりからの卒業の歴史を伝えたいと思います。そして、コミュニケーションやことばの力も、長い時間をかけながら、力強く獲得していく姿を知ってもらうことで、子どもへのかかわりが、ゆっくり・たっぷり・じっくり取り組まれることを心から願います。

優作くんは時間をかけて発達の階段を上りました。

特別支援学校を卒業してからの出会いでしたが、そのときはとってもおもしろい絵を描く自閉症の青年でした。声に出ることばはなく、強い感覚過敏があり、食事は流動食、それもゴックンはできず、口に入れるが噛んだ後は呑み込まずに吐き出します。お母さんは少しでも食べられるようにと、工夫に工夫を重ねておられました。こだわりは天下一品、決まった道や場所はもちろん、流れる水へのこだわりが強く、トイレが並んでいる公衆トイレは、端から順番に水を流さないと気が済まないなど、時間がかかる厄介なものでした。

あるときから絵を描かなくなり、外出ができなくなり、こだわりはますます激しくなりました。一番厄介だったのは、家の中のいたるところでツバ吐きやオシッコをしてしまうことでした。被害は想像以上でしたが、有効な対策はなく、バケツで受けるなどで被害を少なくする以外はお手上げでした。環境を変えてみようと、おばあちゃんの家に引っ越したころから変化がみられました。「どこでもオシッコ」は影をひそめ、ツバ吐きも少なくなってきて、そのころから「やめて」「おでかけ」などのことばが出はじめました。何より大きな変化は、あれほど感覚過敏が強かった嚥下が改善され、普通食が食べられるようになってきたのです。それは、「○○だ」と気持ちをことばで表現する発達の宿題を、二四年間かかって乗り越えてきた姿でした。

同じころ、公衆トイレへのこだわりにも大きな変化が見られました。お母さんも何をしているのかはじめはわからなかったぐらい、ユニークな卒業の仕方でした。それは、トイレの前を通るとき、見てしまうとこだわるので、横向きで歩き、自分の手で目を隠して、見えないようにして前を通るという、こだわりを自らのやり方で克服していく姿でした。

ご両親は、悩み、揺れながらも、一番うまくいく方法が本人へのストレスを取り除くと、いつも彼の気持ちに寄り添い、つきあいながら楽しいことを見つけてこられました。二四歳になるまで、これでよいのか、これしかないと、待って、待って、育ててこられました。そして現在、しっかりとことばで「やめて」と自分の意思を伝える、自我の芽生えの段階を歩いています。どんなに障害が重くても、自分の力で育っていくことを教えてくれた優作くんでした。なにより、「待つこと」を信条とし、ねばり強くつきあってこられたご両親の努力のたまものです。焦らない、無理しない、こだわらないは、子どもの育ちの根っこを太くするものだと実感させてもらいました。二四歳まで待てないと思う多くの親ごさんや支援者のみなさんに、知っておいていただきたい、ひとりの青年の育ちと親のかかわりです。

将来の心配や「ねばならない」に振り回されないで、いま必要な子どもの課題に向き合えば、何歳からでも、子どもの育ちをサポートすることができます。

優作くんのお母さんから、「療育って、できないことをできるようにするのではなく、ただひたすら〝能動的に待つこと〟ですよね。〝待てば海路の日和あり〟ですね。優作がもつ力を信じてやってきて良かったと、あらためて思いました」と二四年間を振り返ったことばをいただきました。

この本は、たくさんの子どもたちとママたち、療育に携わっているスタッフの力を借りて誕生しました。長い時間をかけて子どもの育ちを見守ったお母さんや、お母さんと一緒に発達の宿題に取り組んだ事業所の職員のみなさん、子どもの「困った」に戸惑いながら、療育に通うなかで子どもの育ちを実感したお母さんや子育ての葛藤を率直に書いてくれたお母さん、悩めるパパやママへの素敵なメッセージをありがとうございました。

また、ＮＰＯ法人福祉広場のスタッフも知恵を出しあいました。広い場所や遊具がなくても子どもの楽しさを創り出せる遊びや、子どもの育ちの根っこを太くする療育をわかりやすく伝えたいと、忙しいなか、内容を検討してくれた九谷田佳代さん、横山園佳さん、廣瀬菜津実さんさん、子どもの発達やスタッフにとっての遊びの意味や役割を伝えたいと、超忙しい時間を割いて、図や文章など細かなことを考えてくれた市原真理さんに、深く感謝します。

そして、全障研職員として初めて編集を担当した小針明日香さん、サポートしてくれた中村尚子さんや圓尾博之さん、表紙やイラストを手掛けてくださった、ちばかおりさん、ありがとうございました。

この本を媒介にして、各地で療育についての意見交換や学習会が広がっていくことを願っています。そして、子どもの生きづらさや発達についての理解が広がり、何より療育に通う子どもたちが笑顔いっぱいで、「楽しかった!」、「また来たい」と思える療育が各地で広がりますように。

二〇一九年一〇月一日

池添　素

池添　素（いけぞえ　もと）

1950年、京都市生まれ。
現在、特定非営利活動法人「福祉広場」理事長。
立命館大学産業社会学部で非常勤講師。
京都市保育園連盟巡回保育相談員など。

おもな著書
『育ちの根っこ——子育て・療育・つながる支援』（共著、2017、全障研出版部）
『新装版　いつからでもやりなおせる子育て』（2019、かもがわ出版）
『いつからでもやりなおせる子育て　第2章』（2019、かもがわ出版）

本書をお買い上げいただいた方で、視覚障害等により活字を読むことが困難な方のために、テキストデータを準備しています。ご希望の方は、全国障害者問題研究会出版部まで、お問い合わせください。

子どもを笑顔にする療育
発達・遊び・生活

2019年10月25日　初版第1刷発行
2024年 5 月31日　第4刷発行

著　者　池添　素

発行所　全国障害者問題研究会出版部
〒169-0051　東京都新宿区西早稲田2-15-10
西早稲田関口ビル4F
TEL.03-5285-2601　FAX.03-5285-2603
http://www.nginet.or.jp/

印刷所　株式会社 ティーケー出版印刷

 ISBN　978-4-88134-815-4